Sylvie MEYER-DREUX

Le petit TRAMPOLINE

CLE international

27, rue de la Glacière, 75013 Paris.
Vente aux enseignants : 16, rue Monsieur-le-Prince, 75006 Paris.

Le petit TRAMPOLINE

Tableau

MAGAZINE-UNITÉ CIVILISATION		COMMUNICATION	VOCABULAIRE
A l'école • L'école – Une classe. • La cour de récréation. • La chorale. • La photo de classe. • Une publicité de rentrée.	▲ **COMPRENDRE ET UTILISER LE LANGAGE DE CLASSE** ▼	• Se saluer. • Se présenter. • Identifier une personne, un objet.	• L'école (lieux, matériel, activités). • Couleurs. • Nombres de 0 à 20.
A la maison • Une famille et une maison françaises. • Les fêtes (l'anniversaire). • Les jouets. • Les animaux familiers.		• Se présenter (âge). • Présenter une personne. • Situer une personne, un objet dans un lieu.	• La famille. • La maison (lieux, mobilier, activités). • Les jouets. • Localisation. • Couleurs. • Nombres de 20 à 40.
En promenade • Les lieux et activités enfantines (jardin public, zoo, cirque, marionnettes, piscine, magasins). • L'alimentation et les sucreries. • Les animaux familiers.		• Se présenter (portrait) et présenter quelqu'un. • Savoir suivre un chemin. • Demander, demander à faire quelque chose. • Exprimer comment on est, ce qu'on aime, ce qu'on préfère.	• Les parties du corps. • Les aliments. • Localisation. • Jours de la la semaine. • Nombres de 40 à 60.
En vacances • Les vacances et les paysages (mer, montagne, campagne, ville). • Une ville : Paris. • Les saisons.		• Se présenter (portrait, adresse, nationalité) et présenter quelqu'un. • Dire d'où l'on vient, où l'on va. • Exprimer la quantité. • Situer une action, un événement dans le temps.	• Les parties du corps (suite). • Le temps qui passe (saisons, mois). • Le temps qu'il fait. • Expression de la quantité, du temps. • Nombres de 60 à 100.

des contenus

GRAMMAIRE	PHONÉTIQUE	FABRICATION-JEUX
• S'appeler, être. • Pronoms (je, tu, il, elle). • Toniques (moi, toi). • Définis et indéfinis.	• Intonation. • Alphabet phonétique. • Chansons, comptines, poésie.	• "Dictionnaire" de français de la classe. • Rondes, jeux de mains, jeu de l'oie, corde, balle.
• Faire, avoir (chaud, froid, faim, soif). • Toniques (lui, elle). • Possessifs (singulier). • Négation (c'est, ce n'est pas).	• [i] [y] • Chansons, comptines.	• Pâte à sel (personnages) de la famille. • Rondes, cache-cache, jeux de mains, dominos, jeu de l'oie.
• Vouloir, pouvoir, avoir (mal). • Toniques (pluriel). • Négation (ça va, ça ne va pas – il y a, il n'y a pas). • Pluriel (verbes, possessifs). • Partitifs + aller à, au… Faire de, du…	• [ʃ] [ʒ] [u] [i] [y] • Chansons, comptines.	• Recette (sandwich). • Rondes, jeux de mains, cordes, lotos, jeu de l'oie.
• Venir, habiter à. • Adjectifs de nationalité. • Féminin des adjectifs.	• [õ] [ã] [ɛ̃] • Chansons, comptines, poésie, jeux de langue.	• Découpage, pliage (paysages). • Jeux de mains, découpage, puzzle, jeu de l'oie.

Tout ce que l'enseignant(e) peut ou doit dire en français apparaît en *italique gras* tout au long de ce guide pédagogique.

© Édition CLE International, Paris 1994 – ISBN

Introduction

Le petit Trampoline est un ensemble pédagogique destiné à l'enseignement/apprentissage du français. Il s'adresse à des enfants d'environ 7/8 ans à l'école (ou en groupe). Ce matériel a été élaboré en prenant en compte le développement de l'enfant et ses intérêts. D'autre part, la méthodologie et les activités pédagogiques proposées s'appuient sur une analyse des différentes situations d'enseignement.

Le public

■ Les principales caractéristiques du développement des enfants de 7 ans s'articulent autour d'une idée maîtresse : c'est un **"grand passage"**, c'est le départ d'une période de transformation, tout juste après celle de "l'égocentrisme".

■ À l'école, les enfants sont dans la phase dite des **acquisitions fondamentales** : apprendre à lire, à écrire, à compter… à interroger les différents codes de la langue maternelle (ou de l'école). Leurs manières de faire, de penser et d'apprendre sont, aujourd'hui, façonnées par un **nouvel environnement** : ils n'échappent pas aux transformations du monde environnant et ont accès à diverses et nouvelles sources d'informations (télévision, presse, radio, publicités, multiplicité et rapidité des images, des sons, des déplacements, des techniques…). Ces nouvelles façons de recevoir et traiter l'information ont une incidence certaine sur leurs capacités de compréhension et de raisonnement. Les enfants, même jeunes, sont accoutumés à la notion "d'étranger", à une autre notion "d'étrangeté".

■ Pour découvrir et satisfaire leur curiosité du monde qui les entoure, ils commencent à établir le contact avec les autres : leurs capacités de **discussion** et de **réflexion** commencent à se mettre en place et s'organiser, le plus souvent à travers une activité précise. Ils donnent un caractère sérieux à toute tâche accomplie : ils acceptent l'effort, ils développent une certaine aptitude au travail.

■ Tant à l'école qu'à l'extérieur, **l'adulte** est un pôle de référence privilégié, tout en commençant à agir sans lui et à accepter des groupes plus larges, de plus de trois ! Leur socialisation est moins abusive qu'avant, elle devient plus objective.

■ Leurs modes d'expression privilégiés se traduisent dans **l'activité manuelle**, "le faire", qu'ils rendent véritablement créatrice et **le jeu**, moyen d'appréhender le réel, de solliciter l'imaginaire et la créativité mais aussi de construire des stratégies et d'organiser leur pensée.

Un magazine pour enfants

Le petit Trampoline, tout comme *Trampoline 1* et *Trampoline 2*, se présente sous la forme de 4 numéros d'un magazine de presse enfantine. C'est un peu comme si la classe avait un abonnement pour toute l'année ! Pourquoi un magazine pour enfants ?

■ Pour inscrire la découverte de ce nouvel univers que représente l'entrée dans une langue étrangère, dans celui des enfants, dans **la culture des enfants**. Ils peuvent transférer leur propre culture et leurs propres expériences d'une manière directement **accessible** : rare est l'enfant qui n'a pas mis de côté le(s) livre(s) de classe pour se précipiter vers diverses productions de presse enfantine pour s'amuser… lire et découvrir ! Donc, *Le petit Trampoline* propose une forme permettant aux enfants d'**entrer seuls**, puis avec les autres et avec l'enseignant(e) dans un matériel qui sera aussi un moyen de faire une **passerelle entre l'école et l'extérieur**, ce monde "extrascolaire" dont ils sont faits : ils retrouvent et prolongent leur univers quotidien en utilisant un magazine/matériel fait pour eux.

■ Pour répondre à des objectifs culturels : la presse enfantine s'est beaucoup développée en France depuis quelques années et particulièrement la presse à vocation éducative qui prend, d'ailleurs, de plus en plus, droit de cité dans les établissements scolaires. Donc, *Le petit Trampoline* utilise un magazine pour, tout comme en France, faire découvrir des pratiques sociales et culturelles françaises. Il profite des informations et des situations proposées pour donner des éléments de **civilisation** française, pour faire prendre conscience de la notion d'altérité : **la comparaison** immédiate avec la réalité d'enfants français incite les enfants à s'identifier et à intérioriser progressivement les nouveautés rencontrées.

On trouve, comme dans tout magazine, des **rubriques** telles que la page de couverture, une histoire, des pages de découverte et de fabrication, des pages de jeux et d'activités et la page "humour"… **humour** que les enfants de 7 ans aiment surtout retrouver à travers des personnages et dans des situations, humour qu'ils commencent un peu à développer entre eux (ils accepteront de jouer avec un peu plus tard).

La langue

Le petit Trampoline propose un enseignement/apprentissage du français dans sa dimension **orale** essentiellement.

■ Les enfants vont appréhender l'apprentissage de la langue étrangère, le français à travers la découverte d'un nouvel univers sonore qu'il faut **comprendre, décoder, répéter** et **se réapproprier** progressivement. Il ne s'agit pas de présenter ce nouvel univers de manière morcelée mais, au contraire, dans son **aspect multidimensionnel** (verbal, non verbal, kinésique…) en proposant des modes d'exposition et des démarches d'appropriation les plus divers et croisés possibles et cela toujours dans un **contexte** : c'est une situation, une "petite histoire" à chaque fois qui sous-tend l'introduction de ce nouveau code.

■ Il s'agit de favoriser une prise de conscience du **fonctionnement de la langue** et de ses régularités. Il s'agit de faciliter une mise en relation des éléments de ce nouveau système linguistique à travers des activités significatives et concrètes répondant aux besoins langagiers des enfants dans le groupe. On ne simplifie pas, on n'accommode pas mais on sollicite de la même manière qu'en langue maternelle (ou de l'école) pour entraîner les enfants à **construire du discours** pour **communiquer.**

■ C'est le souci constant de faciliter l'accès au **sens** (comprendre) qui permet d'entrer dans le système syntaxique et morpho-syntaxique du français de façon **globale** et implicite : sollicitation développée à travers différentes situations et différents types de discours mais aussi à partir d'un travail **progressif** de repérage, d'association et de décodage guidé par l'enseignant(e) et les demandes et questions des enfants… et toujours parce qu'on en a besoin !

Une démarche active

■ En développant le **faire pour comprendre**, le **comprendre pour faire**, le **faire en parlant** et le **parler en faisant**, autrement dit offrir des situations de communication pour rendre significatives les activités : chanter pour jouer, pour apprendre du lexique, des sons, pour manipuler des énoncés ou fabriquer ; fabriquer quelque chose pour communiquer, pour trouver et/ou retrouver une notion grammaticale ; jouer pour comprendre, pour trouver et pour gagner !

■ Avec des supports qui permettent de varier, alterner et mettre en relation les **différentes sources d'informations** : visuelles avec des supports iconiques multiples (couleurs, dessins, organisation des images, précision des traits…), auditives (voix différentes, annonces, chansons, comptines…), kinésiques (mimer, jouer, danser, se déplacer, retrouver des mimiques, les expressions émotionnelles…), verbales (dialogues, énoncés…) et non verbales (bruitages d'environnement divers, musiques, gestuelles…).

■ En provoquant une dynamique de constante **interaction** entre l'enseignant(e) et le groupe classe ; entre chaque enfant du groupe qui va être entraîné à échanger, préparer, collaborer, comparer et résoudre deux à deux, un en face du groupe, par équipes et à aider ; entre l'enseignant(e), le groupe classe, chaque enfant et l'utilisation du matériel (principalement avec la bande son qui interpelle, aide, répond…).

■ En faisant appel à la notion de "prise de risque" et de mise en confiance chez les enfants : on peut faire des erreurs, on peut faire des essais… tout est fait pour **reprendre**, vérifier les **hypothèses** émises. L'erreur est souvent source de réflexion, de recherche… et d'amusement ! On sollicite **l'explicitation des stratégies** : avec quoi on a trouvé, sur quoi on s'est appuyé, qu'est-ce qui a aidé à trouver, retrouver ? On s'apprend les uns les autres, **on apprend à apprendre !** Toutes les ressources des enfants (perceptives, motrices, affectives, cognitives, sociales…) peuvent être utilisées et développées.

■ En utilisant une approche **ludique** : le jeu, source de **plaisir** évidente pour les enfants de cet âge, provoque la participation constante du groupe, donc est moyen de socialisation. Il devient un facteur de déclenchement et de soutien de **la motivation**, parfois difficile à entretenir. Il est aussi un partenaire indispensable du développement cognitif : c'est un outil réel comme support d'apprentissage et inducteur de construction de stratégies, d'organisation de la pensée dans l'espace et dans le temps. Les jeux proposés sont compatibles avec l'âge des enfants : ils font appel à des situations auxquelles ils sont confrontés dans leurs propres jeux en langue maternelle. Ils permettent de réelles **situations de communication** en français : c'est parce qu'on veut gagner qu'on utilise, réemploie et fait fonctionner ce qu'on a appris !

Une démarche évolutive

■ En mettant en place très progressivement et très **régulièrement** les marques du discours, le lexique et les structures morpho-syntaxiques : on se présente avec son prénom dans la première unité, puis avec son nom de famille et son âge dans la seconde, avec sa taille dans la troisième, avec sa nationalité et son portrait physique dans la dernière. C'est par un travail constant de **reprise**, de **réemploi** et de **réactivation** et par une exposition variée et croisée que les enfants vont étoffer leurs acquisitions et substituer petit à petit la langue maternelle à "du français". Le travail sera long, certes, car n'oublions pas qu'il faut du temps pour apprendre une langue étrangère mais certain parce que toujours sous-tendu par "l'appétit de" ! C'est comme un grand puzzle sur lequel on pose lentement mais assurément les pièces "du français" !

La mise en place de **la langue de la classe**, langue de travail, va beaucoup aider à cela (voir p. 16).

■ En développant progressivement le **rythme d'exposition**. Si les enfants commencent à développer une aptitude au travail et acceptent mieux l'effort, leur concentration est encore fugace, qui plus est en étant soumis à des savoirs différents dans le cadre d'une initiation à une langue étrangère.

Les moments d'**écoute** de la bande son sont, donc, en évolution : on commence par écouter de courtes séquences (souvent soutenues par des bruitages amusants et porteurs de sens) et on s'habitue à écouter plus longtemps au fur et à mesure de l'utilisation du matériel.

Il en est de même pour les **activités** proposées qui s'étoffent progressivement et pour les **supports visuels** qui se complexifient et mettent en évidence le code non verbal de la communication : situation des personnages dans l'espace (proxémie), attitudes (gestuelle), expression des sentiments (kinesthésie) facilitent toujours la compréhension, la prise de sens. L'organisation des images permet également, graduellement, de prendre conscience du **sens de la lecture** (de gauche à droite) : si on sait lire les images en français, on sera préparé pour lire l'écrit en français !

■ En modifiant progressivement **les conditions**, les manières de travailler. Si on se souvient que l'enfant commence à agir de plus en plus seul, en "s'éloignant" doucement de son pôle de référence qu'est l'adulte, il faut créer des conditions pour l'accompagner dans cette évolution et pour qu'il y parvienne. Donc, *Le petit Trampoline* suggère une mise en place **évolutive des activités** : au début, l'enseignant(e) s'adresse au groupe et provoque une sollicitation individuelle (la bande son renforçant cette démarche dans sa manière d'interpeller chaque enfant). Puis, le travail peut se faire à 2, 3 ou 4 pour arriver à un réel travail d'équipes donc à de réelles situations de communication et d'interaction. Mais, pour ce faire, on n'oublie pas de renvoyer toujours à l'adulte et au groupe qui régulent en constante rétroaction.

Une démarche rassurante

■ En permettant aux enfants et à l'enseignant(e) d'utiliser et de réinvestir des attitudes, des comportements et des habitudes inscrites dans le développement et l'apprentissage de leur cursus scolaire. Donc, *Le petit Trampoline* fait appel à des **savoirs** et des **savoir-faire** auxquels l'enseignant(e) et les enfants sont habitués et l'**effort** réclamé est le même que celui qui est demandé dans les autres disciplines scolaires.

■ En offrant la possibilité de prendre en mains et de s'approprier le matériel de manière **structurante** et **structurée** répondant ainsi au développement des enfants (donner un sentiment de sérieux voire "d'obligatoire" à une tâche) et à leur réalité scolaire (période des apprentissages fondamentaux). Pourquoi le français aurait-il une autre place ? De plus, il n'y a pas opposition entre initiation et notion de travail rigoureux si certaines données sont respectées, c'est-à-dire ni sous-estimer les intérêts et les compétences des enfants (et risquer leur désintérêt) ni sur-évaluer leur capacité d'acquisition (et risquer de les démotiver). Et **ne leurrons pas** les enfants : c'est long et aussi difficile d'entrer dans une nouvelle langue. Cela nécessite des efforts. Pour cela, aidons-les à construire, à accepter ces efforts et, pourquoi pas, à développer le **plaisir de l'effort** !

■ Donc, la **structuration** nécessaire pour permettre aux enfants d'organiser leur pensée et de construire des stratégies est développée dans *Le petit Trampoline* dans :

• l'organisation **des phases** : dans les 4 magazines/unités, la distribution de la nature et des types de démarches sollicitées est toujours identique : une phase d'installation, une phase d'exploration, une phase de traitement, une phase d'intégration phonétique, une phase de réinvestissement et une phase d'évaluation. Au fur et à mesure, les enfants comprennent ce qu'ils ont à faire : ils prennent confiance progressivement parce qu'ils "reconnaissent" !

• **des repères visuels** (un personnage pour les consignes, des formes, des couleurs par rubriques) cumulés à **des repères auditifs** (des musiques d'appel par rubriques, les animateurs de la bande son, une chanson "fétiche"). Les enfants peuvent, ainsi, accéder à une prise d'informations selon leur mode préférentiel (pas encore fixés, encore très malléables) et selon des moments différents ;

• **le traitement** des informations données. La manière d'entrer dans chaque rubrique, dans chaque activité, dans chaque page est toujours la même :

– **Regarder** d'abord les supports visuels parce que la perception visuelle est la source la plus importante d'informations et le mode de traitement le plus facilement accessible, le plus immédiat. "Le contact oculaire est le principal régulateur de la communication*". C'est en observant les images, les photos, les dessins… que les enfants commenceront à prendre du sens, à comprendre les situations et à **émettre des hypothèses** : on a, déjà, une idée de quoi cela parle !

– **Écouter** ensuite la bande son qui est une mise en onde des supports visuels. C'est le contexte sonore : les éléments verbaux (énoncés, dialogues, consignes de l'animatrice et de Mémo, le chat complice, onomatopées…) renforcés par les éléments non verbaux (bruits d'environnement…). Elle facilite à la fois les repérages et la **confirmation** des hypothèses : on construit du sens en même temps qu'on découvre le contenu linguistique, on découvre et on reconnaît… on **comprend** !

– **Faire** enfin. On met en situation, on dessine, on joue… On structure, on mémorise, on intègre les contenus linguistiques pour les dépasser petit à petit : on **parle**, l'expression est favorisée… on fait, on vit en français ! Apprendre du français, c'est **vivant** !

La constance de la démarche sécurise aussi bien l'enseignant(e) que les enfants qui, une fois encore, ont confiance et étoffent sûrement leurs acquisitions.

Le livre

Le livre de 96 pages est essentiellement construit pour les enfants. C'est **un livre pour eux** (exception faite des 4 dernières pages sur lesquelles le texte des chansons et comptines est retranscrit). Il est donc composé de quatre magazines, **quatre unités**. Chaque unité développe **un thème**.

■ **Les thèmes** prennent appui sur les **centres d'intérêt** des enfants ainsi que sur leur développement **psycho-affectif**. Les sujets développés oscillent entre des situations dans lesquelles l'enfant est centré sur lui-même (la maison, la famille, l'anniversaire, les jouets, les bonbons, un déménagement…) ou, au contraire, rencontre les autres (situations de socialisation comme l'école, les fêtes, les lieux publics, les voyages…). Ils prennent en compte l'imaginaire à travers des situations et des personnages (une sorte de petit lutin qui apparaît et disparaît, un chat complice, **Mémo**, et ses amis…). Mais celui-ci se dilue progressivement pour laisser place à des situations dans lesquelles chaque enfant peut construire sa prise sur **la réalité**, élément important pour favoriser la comparaison.

Chaque thème donne son unité à chaque magazine :

– Magazine 1, "À l'école" : premier thème développé parce que cela correspond à la situation dans laquelle les enfants découvrent le français. Les situations sont directement génératrices de transfert, de comparaison et d'appropriation de cette découverte dans le cadre de leur propre vécu : l'école. On y découvre une école française avec ses composantes (une classe, une cour de récréation, des activités comme la chorale par exemple, une photo de classe et même une publicité pour la rentrée des classes). On pourra commencer à parler de son matériel scolaire en français !

– Magazine 2, "À la maison" : on y fait la connaissance d'une famille française et de son habitat. On découvre certaines fêtes familiales ou sociales ainsi que les événements principaux qui marquent la vie d'un

---

* cf. Introduction de *Trampoline 1* et H. Trocmé-Fabre.

jeune enfant (l'anniversaire et la rentrée scolaire). La présence d'animaux familiers (chat, chien, perroquet) montre les habitudes des familles françaises… mais surtout répond aux intérêts des enfants de 7 ans, ainsi que de savoir quels jouets les enfants français utilisent !

– Magazine 3, "**En promenade**" : en compagnie d'une nouvelle famille on voit comment on se fait des amis dans les lieux publics et surtout comment les enfants français occupent leurs loisirs : dans les jardins, à la piscine, au zoo, au cirque et autour de quelles activités. Par petites touches, notamment avec la petite amie Karima, on apprend que la société française est multiraciale (tout comme on avait pu le constater en regardant la classe du magazine 1). On découvre les habitudes alimentaires françaises.

– Magazine 4, "**En vacances**" : on élargit la connaissance de la France en apprenant comment se passent les vacances, quel est le climat au cours d'une année, en allant dans la capitale, Paris, avec des amis européens. Et une autre famille française fait découvrir ce que représente un déménagement.

L'unité de chaque magazine est renforcée par les illustrations : à chaque magazine son **illustrateur**. La même facture de dessin permet aussi la facilité de repérage. Et s'exercer à observer des dessins différents entraîne à la lecture de l'image !

■ **Les rubriques d'un magazine** correspondent aux phases et à la nature des activités proposés (cf. structuration p. 14).

• **La couverture** (1 page en couleurs) reprenant le titre générique du livre, le numéro du magazine et le titre du thème développé. C'est toujours une illustration du thème, un dessin pleine page, introduit dans la bande son (sa musique d'appel – MA₁ – et l'animatrice) et une chanson, elle-même introduisant le thème.

C'est la phase d'installation durant laquelle on découvre ce sur quoi on va parler, travailler dans le magazine.

• **L'histoire** (4 pages en couleurs) avec ses repères visuels (fond en pointillés rouges, un carré rouge en haut de la première page avec *histoire*, les quatre pages numérotées dans un carré rouge) et les consignes du chat Mémo sur les 2 premières pages et ses repères auditifs (sa musique d'appel – MA₂ – et l'animatrice).

Pour chaque magazine, il y a une histoire autonome. Les personnages de l'histoire sont, le plus souvent, repris dans la suite du magazine (sauf pour le magazine 4).

C'est la phase d'exploration, la colonne vertébrale de chaque magazine : c'est le support des **situations de communication** et de la présentation du contenu linguistique. C'est à partir de ce qui est présenté dans l'histoire que l'on travaillera plus précisément dans les autres rubriques.

Regarder d'abord l'organisation des images/vignettes pour comprendre et émettre des hypothèses. Ces images/vignettes se complexifient d'un magazine à l'autre pour aider à la lecture de l'image et au sens de la lecture… pour être prêt à la lecture de la BD après !

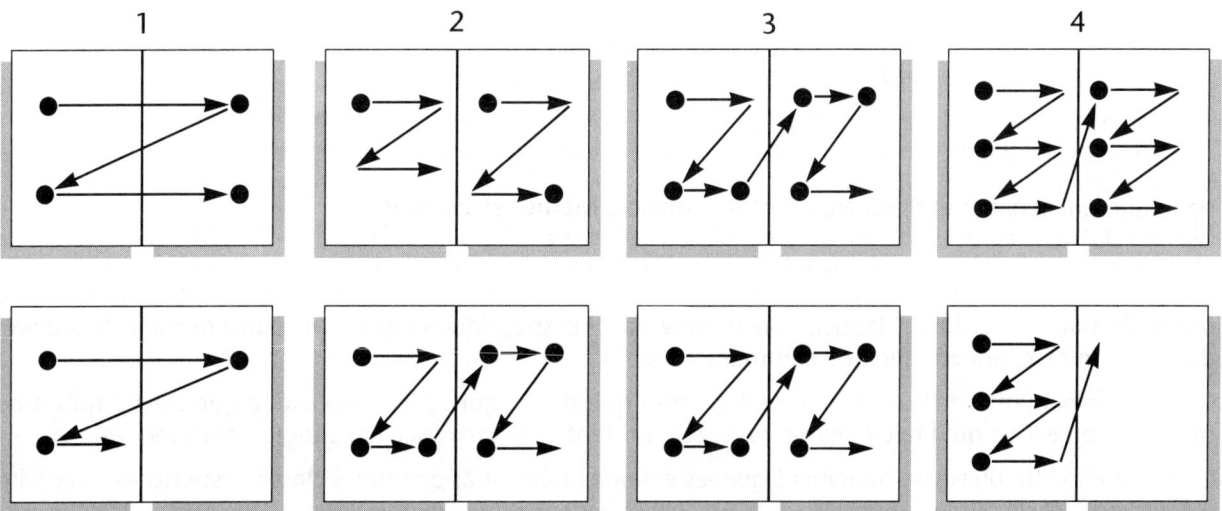

Écouter la bande son avec les énoncés et les bruitages qui renforcent la prise de sens, <u>livre fermé</u> d'abord et <u>livre ouvert</u> ensuite en suivant sur les images. Chaque image/séquence est ponctuée de la même façon afin de bien repérer où s'arrête chaque situation (bruit de rayon laser dans le magazine 1, perroquet et sonnette dans le magazine 2, aboiement de chiens et formulation de l'interdiction dans le magazine 3 et répétition par un jumeau dans le magazine 4).

Mettre en situation ensuite après que les repérages visuels et auditifs ont été faits et explicités. On peut, enfin, développer plusieurs types d'activités au choix.

Chaque histoire est reprise dans la partie jeux (remise en ordre de vignettes reprenant les éléments principaux constitutifs de l'histoire).

• **Travail sur la langue** (2 pages couleurs) avec ses repères visuels (triangle bleu avec le titre spécifique, les pages numérotées dans un triangle bleu), les consignes du chat Mémo et ses repères auditifs (sa musique d'appel – MA_3 – et l'animatrice). Le support peut être une illustration ou une photo.

C'est la phase de traitement durant laquelle on fera un "zoom" sur un (ou plusieurs) éléments tirés de l'histoire, avec des activités de **compréhension** et d'**expression**. Les enfants seront entraînés à **manipuler** la langue, à prendre conscience du fonctionnement de la langue.

Cette rubrique est toujours présentée en **contexte**, en situation et souvent introduite par une chanson (magazine 1, magazine 3) ou une situation de communication (magazine 2 et magazine 4) selon la thématique du magazine.

Le mode de traitement est toujours de partir de l'observation, regarder, pour écouter ensuite et s'achève souvent par un jeu et par des dessins.

• **La phonétique** (2 pages couleurs) avec ses repères visuels (rond vert avec le titre spécifique, les pages numérotées dans un rond vert) et ses repères auditifs (sa musique d'appel – MA_4 – et l'animatrice). Il n'y a pas de consigne du chat Mémo. C'est un dessin pleine page qui illustre, là encore, une **situation**, un contexte.

C'est la phase d'intégration phonétique où, à travers des **chansons**, des **comptines**, des **poésies** et des **jeux de langue**… Les enfants prennent conscience du système phonétique de la langue. C'est le moment durant lequel on renforce la flexibilité et la malléabilité phonatoire naturelle propres aux enfants de cet âge en travaillant la répétition, la précision du rythme et la mélodie de la langue. Cela répond, aussi, à son appétit de **mémoire**. Si on reprend le thème du magazine ainsi que des structures déjà rencontrées, on met aussi l'accent sur certaines sonorités, sur des oppositions de phonèmes présentant quelques difficultés.

Les chansons et comptines (reprises du patrimoine français traditionnel, à des auteurs ou détournées, fabriquées) sont souvent accompagnées d'**activités motrices** (rondes, jeux de balles, sauter à la corde, jeux de mains…). À travers elles, non seulement le "plaisir vocal" est renforcé, mais la mémorisation est facilitée aussi. De la même manière, ces activités motrices renforcent la latéralisation et la construction du schéma corporel (primordiales pour l'acquisition de la lecture) ainsi que la psychomotricité fine (jeux de mains avec un tempo précis par exemple) pour l'apprentissage de l'écriture… sans oublier le plaisir **ludique**.

Les chansons-comptines présentées sur ces 2 pages peuvent être utilisées à tout moment et reprises dans d'autres rubriques (voir indications dans le guide pédagogique).

Il faut noter, également, que le travail phonétique est distillé dans l'**ensemble** du matériel à travers les prénoms, les noms des personnages, des animaux… comme *Julo* et *Chouli* par exemple, les chiens de la famille *Cachou* !

• **Le lexique** (2 pages couleurs) avec ses repères visuels (rectangle jaune et le titre spécifique, les pages numérotées dans des rectangles jaunes), les consignes du chat Mémo et ses repères auditifs (sa musique d'appel – MA_5 – et l'animatrice). Le support peut être une illustration ou une photo. C'est également une phase de traitement durant laquelle on découvrira plus spécifiquement du vocabulaire mais, là encore, dans un contexte, une situation de communication.

Le **questionnement** s'articule autour de 4 grandes questions : **qui est-ce ? qu'est-ce que c'est ? qu'est-ce qu'il dit ? qu'est-ce qu'il fait ?** Questionnement, présent en transversale dans toutes les rubriques.

C'est durant cette phase de traitement que les enfants pourront apprendre à **classer**, répertorier… activité qui leur permet de rationaliser et d'ordonner leurs expériences et leurs acquisitions.

L'enseignant(e) peut sélectionner ou élargir selon les besoins du groupe ce qui est donné.

Cette rubrique est aussi introduite ou développée par des chansons, des comptines (magazines 2 et 3) ou des documents authentiques sonores (publicité pour le magazine 1 et annonces dans un aéroport, une gare pour le magazine 4).

On y applique le même mode de traitement (regarder, écouter, faire).

- **La fabrication** (1 page couleurs) avec son repère visuel (forme étoilée violette et le titre spécifique), la page numérotée (dans la forme violette), la consigne du chat Mémo et son repère auditif (sa musique d'appel – MA_6 – et l'animatrice). Le support est une illustration du matériel nécessaire et des différentes phases, une photo ou une illustration des réalisations à produire.

C'est la phase de réinvestissement mais surtout celle de **comprendre pour faire** et **faire pour comprendre**. Elle répond à un mode d'expression privilégié chez les enfants : rendre une activité créatrice avec un but pratique.

Elle met en jeu ce qu'est capable de faire l'enfant : dessiner, colorier, découper, assembler, coller, décalquer… C'est la rubrique, encore plus que les autres, qui permet de **laisser des traces** et de faire **un lien avec l'extérieur** : on "rapporte", on "montre"… on "touche" en français !

Elle favorise le travail individuel, le travail par petits groupes et le travail à la maison.

- **L'humour**, la page **Mémo** (1 page couleurs) avec ses repères visuels (fond bleu, le chat Mémo et son interminable queue qui entoure la page, la souris qui fait "l'accent") et ses repères auditifs (sa musique d'appel : le refrain et le premier couplet de la **chanson** fétiche *c'est Mémo le chat* et l'animatrice). Le cinquième dessinateur illustre cette page en plus des consignes.

C'est la phase de réemploi et d'évaluation. Les farces et les amusantes situations dans lesquelles nous observons les complices-chats de Mémo mettent en scène… **tout ce qui a été déjà rencontré** dans toutes les pages d'un magazine.

C'est le moment où on regarde bien, on cherche, on vérifie en recherchant dans le magazine et on présente tout ce que l'on a retrouvé ! Cette page est à mettre en parallèle avec la dernière page de la partie jeux (*le baromètre*, voir plus loin). C'est un moment d'observation et d'évaluation pour l'enseignant(e) qui l'utilisera pour reprendre, continuer et rebondir !

- **Le jeu de l'escargot**. À partir du magazine 1, on met en place le jeu de l'escargot que l'on voit un peu partout ensuite et plus précisément dans la page de Mémo. C'est un jeu qui va se construire progressivement et qui va être la principale **banque de données** de la classe. C'est un jeu de l'oie avec des cases couleurs correspondant aux 4 grandes questions : cases avec un rond vert = *qui est-ce ?* – cases avec un rectangle jaune = *qu'est-ce que c'est ?* – cases avec un carré bleu = *qu'est-ce qu'il dit ?* – cases avec un triangle rouge = *qu'est-ce qu'il fait ?* On ajoutera quelques cases noires = cases prison (on passe un tour). On avance du nombre de cases indiqué par un dé. Pour rester sur la case, il faut répondre à la question correspondante en allant chercher dans les boîtes du dictionnaire (cf. p. 17 du livre de l'élève) une fiche au hasard. Si on ne répond pas bien, on retourne d'où l'on vient. Le premier qui arrive à la case centrale – case arrivée – a gagné. Le jeu va s'agrandir au fur et à mesure des magazines. On peut prévoir un plateau avec 20 cases au début, puis 40 cases au magazine 2, 60 au magazine 3 et 100 au magazine 4 ! On peut aussi conserver le même plateau ou en faire construire aux enfants. Petit à petit, les enfants vont jouer 2 à 2 puis en équipes. On peut imaginer un grand tournoi à la fin de l'année. L'objectif essentiel de ce jeu est de réviser et réutiliser ce qui a été vu en jouant !

- **Les pages jeux** (8 pages en noir et blanc) avec une organisation répétée :

– la première page avec le repère visuel (Mémo et la souris) et le repère auditif (sa musique d'appel – MA_8 – et Mémo). On voit le numéro du magazine qui accompagne le saut de Mémo sur le trampoline… il va, bien sûr, de plus en plus haut ! Les consignes sont indiquées par Mémo et des numéros noir ou blanc. Le matériel nécessaire est indiqué avec des dessins et des numéros ;

– la dernière page, le **baromètre** : c'est la page d'évaluation. Chaque enfant colorie tout ce qu'il sait. La page est partagée en quatre pour les 4 questions *qui est-ce ? qu'est-ce que c'est ? qu'est-ce qu'il dit ? qu'est-ce qu'il fait ?*) et entourée par l'alphabet en haut, les nombres en bas et à droite et à gauche par des contenus comme les couleurs, les formes, la localisation, du lexique. Elle est toujours annoncée dans la dernière activité par Mémo et la reprise de la chanson *c'est Mémo le chat* (deuxième couplet) ;

– les 6 autres pages proposent des **activités** de **compréhension**, d'**expression**, de **fabrication** et des **jeux**.

Toutes les pages jeux ont les pages numérotées dans un dé en bas.

Les enfants sont sollicités individuellement, par équipes et toujours en renvoi au grand groupe.

Les activités peuvent être utilisées comme **renforcement** après les activités des pages couleurs (voir les indications dans le guidage des rubriques) ou comme **réemploi** c'est-à-dire une fois que tout le magazine en couleurs sera vu. L'enseignant(e) adaptera donc leur utilisation selon le groupe-classe et le temps dont il dispose. Certaines activités peuvent être reprises à la maison, une fois les consignes données par Mémo sur la bande son.

• **Les consignes de Mémo** : les principales consignes sont données par les différentes attitudes du chat Mémo (cf. page 4).

ORGANISATION D'UN MAGAZINE

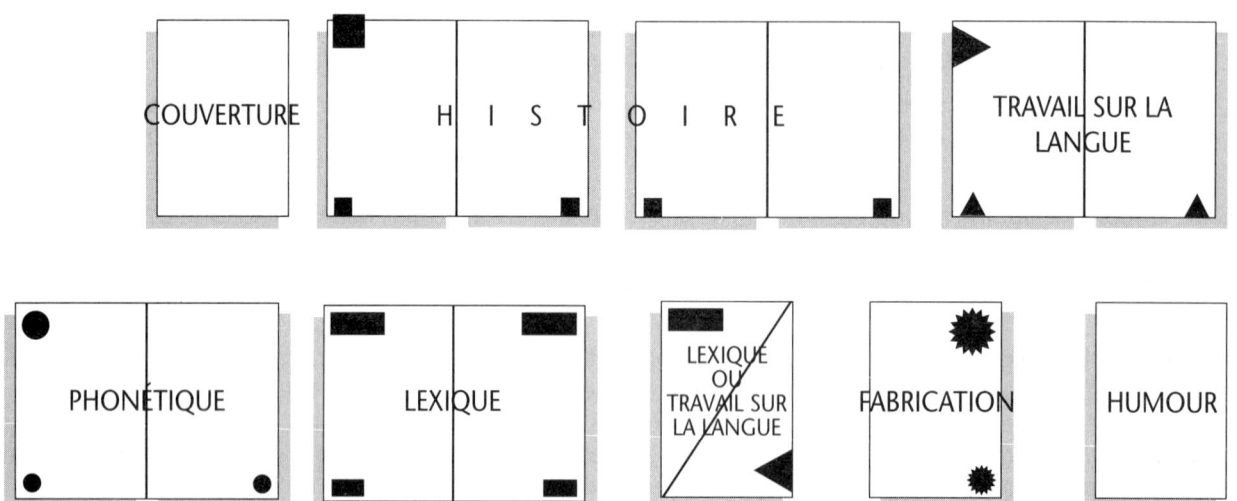

LES 14 PAGES COULEUR D'UN MAGAZINE

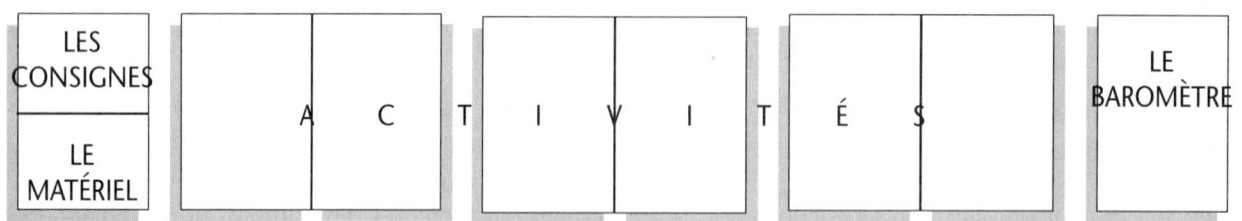

LES 8 PAGES JEUX D'UN MAGAZINE

La bande son

■ C'est **l'environnement sonore en français**. Elle propose une approche interactive de l'apprentissage.

■ C'est le domaine de **l'animatrice** qui présente chaque rubrique, qui introduit chaque type d'activités. Elle accompagne les enfants en **interpellant**, en **guidant**, en confirmant les consignes, en **aidant** (en donnant des réponses parfois), en **questionnant**… en entraînant les enfants dans l'effort et le plaisir d'apprendre.

L'animatrice intervient uniquement sur les pages couleurs d'un magazine.

■ C'est le domaine de **Mémo** le chat qui intervient dans les pages jeux, les pages noir et blanc uniquement : lui aussi **pose** les consignes – toujours précédé d'une musique d'appel MA_9 –, les questions, interpelle et aide quelquefois en mettant sur la piste, en répondant.

■ On y trouve les musiques d'appel de chaque rubrique, les dialogues, les chansons et comptines et les bruitages d'environnement.

■ **La chanson** *c'est Mémo le chat* : créée pour *Le petit Trampoline,* c'est la chanson fétiche, complice… tout comme le chat ! On y retrouve toutes les entrées de la construction du matériel : les thèmes et le questionnement à partir des 4 grandes questions *qui est-ce ? qu'est-ce que c'est ? qu'est-ce qu'il dit ? qu'est-ce qu'il fait ?*

Elle est présente à la page humour pour faciliter l'activité (réemploi) et à la fin de chaque magazine.

Elle deviendra, sans doute, la "mascotte" du matériel.

Le guide pédagogique

Il est à la fois un **guidage**, un guide pas à pas selon la construction du matériel et un **outil d'appropriation** de ce matériel.

■ L'ensemble des activités proposées dans *Le petit Trampoline* recouvre globalement environ **60 heures** d'enseignement, chaque magazine proposant environ 15 heures d'enseignement. Pouvant être utilisé dans des situations d'enseignement et des contextes institutionnels très variés, il appartient à chaque enseignant(e) d'**organiser** et d'**adapter** l'utilisation du matériel aux réalités qu'il (elle) rencontre (classe, rythme des séances, temps disponible, objectifs posés et/ou fixés, affinités, questions/problèmes qui se posent…). L'organisation du guide pédagogique tente de prendre en compte ses divers paramètres.

■ **L'organisation** du guide suit l'organisation du livre de l'élève :

– la **présentation** des contenus de chaque magazine sous forme de tableau ainsi que les **points forts** qui sous-tendent chaque magazine. Dans cette présentation générale, on pourra trouver quelques informations **socio-culturelles** ;

– **un schéma** de lecture des supports visuels avec des indications permettant de repérer les éléments principaux en **correspondance** avec le découpage de l'écoute de la bande son quand cela est nécessaire ;

– **un tableau** indiquant les nouveaux éléments présentés et la référence des activités des pages jeux pouvant être développées ;

– **la démarche** à suivre pour chaque rubrique :

1. Regarder : comment organiser l'observation, la lecture des images, la prise de sens, le questionnement…

2. Écouter : avec la transcription de la bande son et le découpage proposé et les différentes possibilités d'explorer cette bande son (livre fermé, livre ouvert).

3. Activités : présentation de différentes activités possibles à l'intérieur desquelles l'enseignant(e) pourra **choisir** ce qui lui semble réalisable, ce qui semble lui convenir et convenir aux enfants.

+ Suggestions : des développements, des variantes, d'autres idées qui permettront une souplesse d'utilisation du matériel et surtout une **appropriation** par chaque enseignant de celui-ci ;

– une **évaluation** pour l'enseignant(e), *votre baromètre*, avec quelques questions lui permettant de faire, au fur et à mesure, le point sur ce qui s'est passé, de construire une grille d'observation et d'envisager d'autres pistes… d'autres questions, d'autres manières de faire !

Langue maternelle, langue de la classe

■ L'enseignant(e) accompagne, facilite, provoque, aide et confirme les différents cheminements élaborés par les enfants. Il(elle) **n'explique pas** tout. Il(elle) favorise le débat, la négociation et la mise en confiance. Donc, surtout en début d'apprentissage (ou dans des situations qui entraîneraient des informations trop longues ou des explications trop complexes), il peut **utiliser la langue maternelle** (ou langue de l'école). Les enfants formulent leurs questions, leurs remarques, leurs hypothèses et leur compréhension globale dans un premier temps dans leur langue maternelle (ou de l'école) : ils n'ont pas encore les moyens linguistiques de le faire en français totalement.

■ En revanche, l'enseignant(e) met en place rapidement des règles d'utilisation du français, comme **langue de travail**. Il(elle) est aidé(e) en cela, dès le premier magazine, par le thème développé (l'école) et les consignes données. Il(elle) n'anticipe pas les besoins, mais y répond. Cette exposition fréquente, régulière à des formes linguistiques sans cesse reprises, élargies, transformées va aider à développer non seulement des compétences de compréhension (il n'est pas besoin de trop en dire mais surtout dire et montrer, dire et mimer, dire et regarder les réactions des enfants) et d'anticipation de prise de sens (quelle importance de ne pas tout comprendre !) mais aussi des compétences de communication. Cette compréhension reformulée en permanence va devenir petit à petit la **langue de classe**, c'est-à-dire des paroles, des énoncés que les enfants vont s'approprier en les prononçant, et en les répétant à travers le geste, la mimique, le regard de l'autre, le plaisir de **dire pour faire**, pour exprimer et **s'exprimer** en français, autre langue que sa langue maternelle (ou d'école).

L'organisation de la classe

■ La mise en place d'**un climat** dans la classe semble indispensable non seulement pour créer et soutenir la motivation mais aussi comme facteur de réussite : créer un **coin français** avec tous les apports de l'enseignant(e) et des enfants.

■ La constitution d'un **matériel de référence**, production témoin du travail de l'ensemble de la classe, apparaît comme efficace pour aider les enfants à construire leur apprentissage :

– des banques de données avec le dictionnaire (cf. p. 17 du livre de l'élève) et le jeu de l'escargot,

– des silhouettes, figurines ou marionnettes,

– **la cassette de la classe** sur laquelle on enregistrera les "propres" productions des enfants,

– **les panneaux** aux couleurs de chaque magazine sur lesquels on déposera les dessins, les illustrations de certaines activités… voire les inventions de la classe,

– la création de **notre magazine français**,

– le film de la classe, si cela est possible, qui sert à analyser ce que nous faisons… donc à trouver les remédiations possibles et à montrer aux autres classes, aux familles… le plaisir de jouer en français.

■ L'organisation matérielle de la classe, la disposition des tables et des chaises, doit toujours répondre aux activités proposées. Il est plus facile de communiquer en cercle ou en plaçant les tables de façon à ce que tout le monde se voie. On regroupe, au contraire, les tables par 2 ou par 4 quand on veut faire travailler par équipes ou en ateliers.

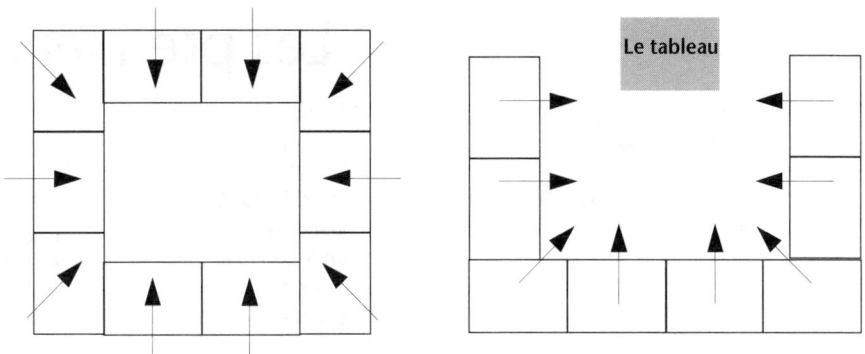

■ Le travail en **équipes** ou en **atelier** provoque toujours une "excitation" ou plus simplement une gestion plus fine de l'attention. Il s'agit, alors, de bien fixer les règles de fonctionnement et/ou de bien définir le rôle de chacun pour que la régulation se fasse en douceur. Cela ne s'établit pas du premier coup (sauf si ce sont des habitudes développées par ailleurs)… soyez patients et persévérants : il serait dommage d'abandonner ce mode de fonctionnement qui permet, assurément, la communication entre les enfants qui deviennent véritablement les propres acteurs de leur propre apprentissage ! C'est répondre à ce que représente l'enseignement-apprentissage d'une langue étrangère !

Les premiers jours :

LE MATÉRIEL DE L'ÉLÈVE
• Le livre – la couverture – la page sommaire – la page "consignes" – les 4 magazines • La cassettes – les musiques d'appel (MA)

◄──────── CE QU'IL FAUT RETENIR ────────		
COUVERTURE	**PAGE SOMMAIRE**	**LES QUATRE**
regardez – regarde *le livre* *la couverture* *le titre* *le petit Trampoline* *le trampoline* *le chat* *les 2 enfants* *les 2 garçons* *qu'est-ce que c'est ?*	*ouvrez vos livres* *ouvre ton livre* *la page* *regardez dans le livre* *magazine* *4 magazines* *c'est comme…*	**pages couleur** *les pages en couleur* *les pages en noir* *et blanc* *la page Mémo le chat* *les images, les dessins*

1. Regarder la page de couverture, la dernière page

a. <u>Faire observer la couverture</u> : demandez aux enfants de bien regarder la couverture et de relever ce qui est dessus :

– les dessins : le chat, les 2 garçons, le trampoline. Que fait le chat ? Il saute sur le trampoline (petits traits de mouvement). Que font les 2 garçons ? Ils s'amusent, ils sont contents en regardant le chat sauter ;

– l'écrit : tout en haut, le titre (faire observer la spirale sous une lettre "o") ; à gauche, c'est le nom de l'auteur et à droite, ce que l'on apprend avec ce livre (méthode de français) ; en bas, c'est le nom de la maison d'édition.

b. <u>Fixer l'observation</u> : comme sur un trampoline, on va s'amuser en découvrant une nouvelle langue, le français ; comme sur un trampoline, pour bien s'amuser, il faut faire des efforts pour sauter de plus en plus haut, donc on va faire la même chose en apprenant le français. C'est pourquoi le livre a pour titre "Le petit Trampoline" : on commence. (Pour les plus grands, on dit seulement *Trampoline*).

c. <u>Fixer les premiers mots en français</u> : tout en montrant précisément avec le livre, formuler en langue maternelle et reprendre tout de suite après en français : *Regardez le livre. Regardez la couverture. Regardez le titre : Le petit Trampoline* (montrer avec le doigt). *Regardez le trampoline. Regardez le chat. Regardez les 2 enfants. Regardez les 2 garçons.*

Montrer chaque élément et demander *Qu'est-ce que c'est ?* Laisser répondre les enfants qui le souhaitent. Reprendre un à un plusieurs enfants en questionnant *Regarde… Qu'est-ce que c'est ?*

Faire, en très grand, le titre du livre sur un grand carton. Laisser ce grand titre dans le coin français de la classe. Ajouter soit la reproduction de la couverture, soit le dessin d'un trampoline.

d. <u>Observer la dernière page</u> : faire retrouver le chat, le titre et observer les animaux : *Regardez les animaux.* Ne pas insister.

2. Regarder la page sommaire

a. <u>Demandez aux enfants d'ouvrir le livre</u> : le formuler en langue maternelle puis en français : *Ouvrez vos livres, Ouvrez "Le petit Trampoline". Regardez la page 1* (montrer en même temps). *Regardez le titre "Le petit Trampoline"… Regardez le chat.* Faire remarquer qu'il n'y a plus le trampoline, ni les 2 garçons. Montrer chaque élément et demander au groupe, à un enfant : *Regardez – Regarde. Qu'est-ce que c'est ?* Laisser répondre, reprendre sans insister.

b. <u>Faire ouvrir à la page du sommaire</u> en reprenant de la même façon : *Ouvrez vos livres. Ouvrez "Le petit Trampoline". Regardez la page 3.* Laisser les enfants observer la page et relever les différents éléments. Reprendre avec eux :

– les bandes de couleur : une couleur allant avec une illustration ;

– le titre *"Le petit Trampoline"* : *le petit est écrit en quelle couleur ?* A chaque couleur de bande, il y a écrit *le petit* de la même couleur (bleu pour le 1, vert pour le 2, jaune pour le 3 et rouge pour le 4) ;

– les écrits identiques sur la gauche : *magazine, jeux et activités.*

Conclure en langue maternelle d'abord, puis en reprenant en français : *dans le livre "Le petit Trampoline", il y a quatre magazines.* Montrer des magazines de presse enfantine en langue maternelle et comparer : *"Le petit Trampoline", c'est comme un magazine. Le livre "Le petit Trampoline", c'est comme 4 magazines. Regardez, regarde dans le livre.* Faire retrouver les 4 couvertures de chaque magazine dans le livre : *Regardez, regarde les 4 couvertures dans le livre.* Montrer les 4 couvertures et demander *qu'est-ce que c'est ?* Montrer à chaque fois le livre : *Regardez le titre "Le petit Trampoline".*

découverte du matériel

LA LANGUE DE LA CLASSE		LE MATÉRIEL DE LA CLASSE
MAGAZINES	**LES CONSIGNES**	une grande affiche du titre "Le petit Trampoline" des magazines de presse enfantine en langue maternelle le schéma en couleur d'un magazine formes/couleur des rubriques les figurines de Mémo (consignes)
pages jeux-activités	regardez, regarde, on regarde, il regarde	
les pages jeux	écoutez, écoute, on écoute, il écoute	
la musique	qu'est-ce qu'il fait, qu'est ce qu'on fait	
le début	on regarde, on écoute une histoire	
	on cherche, on se souvient	
fermez vos livres	on chante, on récite et on joue	
ferme ton livre	on regarde, on écoute une autre petite histoire, d'autres mots	
	on fait, on fabrique	
	on joue, on rit, on s'amuse	

3. Regarder un magazine

a. En reprenant les formules pour ouvrir les livres, demander d'observer comment est fait un magazine : *regardez un magazine*. Après avoir laissé les enfants découvrir l'organisation d'un magazine, reprendre avec eux sur le magazine 1 : le nombre de pages en couleur (14), le nombre de pages en noir et blanc (8), les formes en couleur en haut de certaines pages et les mêmes reprises en bas, avec le numéro des pages (sauf sur la page "couverture" et la page "Mémo"). Faire confirmer en regardant les autres magazines : *regardez les pages en couleur et les pages en noir et blanc dans le magazine 2... 3... 4. C'est comme dans le magazine 1 ?* Comparer avec les magazines de presse enfantine de langue maternelle : Qu'est-ce qui est pareil ? Qu'est-ce qui n'est pas pareil ? À quoi peuvent servir les pages en noir et blanc ?

b. Mettre en évidence la répétition des rubriques, l'organisation identique des rubriques dans leur apparition dans un magazine : on commence toujours par la couverture, on finit toujours par une page en noir et blanc qui semble se présenter toujours de la même façon ; faire retrouver toutes les pages avec des pointillés rouges dans le fond et le carré rouge... et après, qu'est-ce que l'on retrouve toujours ? Faire retrouver les pages d'ouverture des pages jeux et activités, la page Mémo avec le chat (donner le nom)... Terminer en donnant *fermez vos livres, ferme ton livre*.

c. Faire un schéma d'un magazine en reprenant des feuilles de couleur correspondant aux rubriques et à leur ordre d'apparition.

4. Regarder les consignes – écouter les musiques d'appel

a. Faire observer la page 4 et demander : *Regardez le chat, regarde Mémo. Qu'est-ce qu'il fait ?* Laisser les enfants trouver les différentes positions au chat. Laisser aussi relever les formes en couleur. À quoi sert cette page ? Elle nous indique tout ce qui va se passer dans chaque magazine, tout ce que l'on va faire.

b. Regarder les formes : on a déjà remarqué toutes ces formes en couleur en feuilletant le livre. Expliquer ce qu'elles signifient : comme dans les magazines de presse enfantine, il y a des rubriques, des sortes de chapitres qui nous indiquent ce que nous allons découvrir et faire. Donner chaque "définition" d'abord en langue maternelle et fixer, ensuite, en français :

– Le carré rouge, c'est pour l'histoire. ***On regarde, on écoute une histoire.***

– Le triangle bleu, c'est pour travailler plus sur quelque chose de particulier en français qu'on a déjà rencontré dans l'histoire. ***On cherche, on se souvient.***

– Le rond vert, c'est pour chanter et réciter. ***On répète et on prononce bien. On chante, on récite et on joue.***

– Le rectangle jaune, on retrouve une petite scène pour découvrir d'autres mots, d'autres expressions en français. ***On regarde, on écoute une autre petite histoire, d'autres mots.***

– L'étoile violette, c'est pour fabriquer, construire quelque chose. ***On fait, on fabrique.***

– Le chat avec sa queue en formes de lettres et la petite souris, c'est pour les pages en noir et blanc, c'est la partie des jeux (Mémo a écrit "jeux" avec sa queue d'ailleurs). ***On joue, on rit, on s'amuse en faisant des activités.***

Reprendre chaque forme dans les magazines. Faire des étiquettes correspondantes, les montrer dans le désordre et faire retrouver ce à quoi elles correspondent. Tout le monde n'arrive pas à retenir ? Ce n'est pas grave, la bande son va nous aider.

c. Écouter les musiques d'appel : on pourra faire écouter toutes les musiques d'appel et les reprendre ensuite en montrant sur la page 4 les formes correspondantes et en donnant les explications supplémentaires (ce qui n'est pas illustré c'est-à-dire la page de couverture d'un magazine, la page "Mémo") pour plus de facilités, repiquer sur une cassette les musiques d'appel (MA) de chaque rubrique du magazine 1.

MA$_1$ Début de la mélodie de la chanson "Mémo"/**MA$_2$** Petite mélodie reprise du "Palais Royal"/**MA$_3$** Synthétiseur/**MA$_4$** Trompette/**MA$_5$** Clochette/**MA$_6$** Guitare/**MA$_7$** Début de la chanson (miaulements + "c'est Mémo le chat…") /**MA$_8$** Guimbarde et "Youpi, on joue".

Reprendre chaque musique d'appel en montrant les pages du livre et les formes correspondantes. Ne pas insister, tout cela sera fixé au fur et à mesure de l'utilisation du matériel. *Écoute la musique de la page couverture. C'est le début d'un magazine (MA$_1$). Écoute la musique des pages de l'histoire (MA$_2$). Écoute la musique des pages "on cherche, on se souvient" (MA$_3$). Écoute la musique des pages "on chante, on récite, on joue" (MA$_4$). Écoute la musique des pages "on regarde, on écoute une autre petite histoire, d'autres mots" (MA$_5$). Écoute la musique des pages "on fabrique" (MA$_6$). Écoute la musique des pages "Mémo" (MA$_7$). Écoute la musique des pages jeux (MA$_8$).*

d. Regarder Mémo : les consignes : reprendre toutes les positions de Mémo (qui sont présentées dans le désordre, sans lien direct avec les formes des rubriques). Expliquer que toutes ces attitudes correspondent aux consignes que va nous donner Mémo pour toutes les activités : il va nous dire ce que nous devons faire *Qu'est-ce qu'on fait ?* (ne pas insister sur l'écrit qui sert plus à l'enseignant(e) comme repère). Donner les différentes consignes mais insister surtout sur *"écoute, regarde, parle, joue"* : *Regardez, qu'est-ce qu'il fait ? Il regarde. Alors, qu'est-ce qu'on fait ? on regarde. Regarde… Regardez…* Mettre des enfants en situation, faire mimer *on regarde, il regarde, regarde, regardez* (même chose avec *écouter* et *parler*). On peut faire retrouver ces attitudes/consignes sur les pages d'introduction des jeux (pages 19, 41, 63, 85).

Faire dessiner de grandes figurines du chat Mémo. Les présenter, au hasard, et demander *Qu'est-ce qu'il fait ? Qu'est-ce qu'on fait ?* Faire retrouver ces consignes dans le livre en haut de certaines pages.

Magazine 1 — À l'école

LIVRE DE L'ÉLÈVE	TYPE D'ACTIVITÉ	COMMUNICATION	VOCABULAIRE	GRAMMAIRE	PHONÉTIQUE	ACTIVITÉS	JEUX	MATÉRIEL
PREMIERS JOURS	découverte	consignes de la classe	un magazine, un livre	impératif singulier, pluriel		fabriquer formes et figurines de référence		magazines presse enfant formes, figurines
COUVERTURE p. 5	découverte chanter	consignes de la classe	une chorale les nombres → 10	impératif singulier, pluriel	intonation rythme [d] [v] [t] [wa]	p. 19 (1) p. 20 (2) (2, 3, 4)	ronde bataille dessin	dé, cartes panneau bleu cassette de la classe
HISTOIRE p. 6, 7, 8, 9	mimer jouer (situation de communication)	saluer se présenter	une classe	je m'appelle tu m'appelles moi, toi	intonation interogative	p. 212 (5)	inventer une autre histoire dessiner	silhouettes (marionnettes) cassette de la classe, caméra
ALPHABET p. 10, 11	chanter jouer (travail sur la langue)	identifier une personne salutations	une photo de classe l'alphabet	c'est un garçon c'est une fille je suis, tu es il, elle s'appelle	alphabet phonétique prénoms français	p. 22 (6)	faire une photo de la classe retrouver le sens de la lecture	dé, étiquettes panneau bleu cassette classe
RÉCRÉATION p. 12, 13	chanter réciter faire (phonétique)	se présenter, présenter quelqu'un combien ?	une cour de récréation les nombres → 20	moi, toi, je, tu	[e] [wi] [wa] [is] [b] [v] [t] [ɛz] [œ] [ɛ] [z]		rondes jeux de corde jeu de balle illustrer	panneau bleu cassette classe
UNE CLASSE p. 14, 15	(lexique)	identifier une personne, un objet	le matériel dans une classe les activités	un, une le, la des, les il, elle, on	reprise comptines chanson	p. 22 (7) p. 23 (8, 9) p. 24 (10)	répondre le plus vite dessiner	panneau bleu cartes, cassette classe, sablier-chronomètre
COULEURS p. 16	(lexique)	identifier une personne	une annonce, une affiche de publicité	action présente / action terminée	[ʀ] [ʒ] [bl] [waʀ]	p. 25 (11)	inventer une publicité	panneau bleu
DICTIONNAIRE p. 17	(faire)	qui est-ce ? qu'est-ce que c'est ? qu'est-ce qu'il fait ? qu'est-ce qu'il dit ?	un classement	reprise il, elle un, une…		p. 23 (9) p. 24 (10)	jeu des 7 familles jeu de l'escargot	panneau bleu pions, plateau, dé
MÉMO p. 18	(réemployer)	reprise	reprise	reprise	reprise	p. 26 (12) le baromètre	dessiner mimer jouer	panneau bleu cassette classe marionnettes caméra

La démarche essentielle pour ce premier contact avec la "nouvelle" langue est **d'installer** un climat propice au plaisir de la découverte. C'est le magazine durant lequel on emploiera, bien sûr, le plus la langue maternelle. Il faut reprendre très progressivement en français les consignes, ce que disent principalement l'animatrice, la maîtresse de l'histoire et Mémo : c'est à travers la **langue de la classe** que l'on va substituer, doucement, le français à la langue maternelle. On fera varier le plus souvent possible les impératifs comme *Regardez, regarde* afin d'interpeller constamment le groupe… et chaque enfant. Et on **encouragera** le plus possible en ponctuant avec *bravo, bien, très bien*… même si tout n'est pas compris intégralement, ce n'est pas grave. C'est la reprise constante, l'exposition permanente et variée qui rendra de plus en plus explicite le bain de langue dans lequel les enfants sont plongés. Donc, c'est le magazine qui prendra, aussi, le plus de temps, surtout avec les premières séances (cf. les premiers jours) indispensables à la prise en main du matériel… et à la compréhension, la **prise de sens**, de ce qui est demandé (cf. introduction p. 8). Il est important de constituer **des moyens de référence**, de repérage (silhouettes, le panneau bleu du magazine, la cassette de la classe…) afin que chaque enfant puisse mettre en place ses propres stratégies, ses propres moyens de repère : ainsi il pourra, lui-même, **construire** son apprentissage.

Informations socio-culturelles : l'école en France. *Les enfants peuvent être scolarisés dès l'âge de 2 ans. Ils vont à l'école maternelle jusqu'à 5/6 ans. C'est ensuite l'école primaire (élémentaire) qui débute à 6 ans et dure 5 ans, c'est-à-dire jusqu'à 11-12 ans. On commence à apprendre à lire, à écrire, à compter au cycle des apprentissages fondamentaux (dernière année de maternelle et 2 premières années du primaire). Une journée scolaire comprend 6 heures de classe dont une récréation de 15 à 30 minutes le matin et l'après-midi. Les livres et cahiers sont gratuits mais les familles doivent acheter le matériel (cartable, trousse, crayons…) sauf en maternelle.*
Bonjour/salut : *on utilise plus "salut" de manière familière (entre enfants, adolescents ou adultes qui se connaissent bien).*

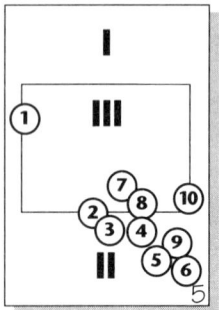

Magazine 1 • Couverture •

1. Regarder

a. Commencer en reprenant ce qui a été donné dans les premières séances : *Bonjour. Ouvrez vos livres. Ouvre ton livre... Regardez la page... Regarde la couverture.*

b. Faire observer toute la page : faire retrouver le titre (I), la couleur bleue utilisée pour "le petit" et le numéro, numéro 1. Isoler les personnages (II) : faire trouver la maîtresse 1, les élèves, les enfants (de 2 à 10), les garçons (2, 3, 9 et 10), les filles (4, 7, 8), les autres pouvant être indistinctement garçon ou fille. Faire remarquer le tableau (III) et ce qui est écrit en français : *À l'école.* Faire remarquer ce que font les personnages : ils chantent (notes de musique, attitude de la maîtresse).

c. Reprendre les éléments donnés pour situer : *Regarde la couverture du magazine 1 :* c'est à l'école. C'est le moment de la chorale. Les enfants chantent. Est-ce qu'on fait la même chose dans la classe ? *Écoutez... Écoute la cassette.*

2. Écouter

a. <u>Livre fermé</u> : *Fermez vos livres. Ferme ton livre. Ferme "Le petit Trampoline".*

* musique ou bruitage   Durée 2 minutes 21 secondes

MA₁	* L'animatrice : Le petit Trampoline Magazine 1... à l'école !
	* <u>La maîtresse</u> : Chut... Taisez-vous les enfants... On chante... 1, 2, 3... [chanson "pas à pas" cf. p. 93].)
	* <u>La maîtresse</u> : Bien ! Encore une fois... 1, 2, 3... [chanson] Bravo ! * Dans Le petit Trampoline 1, on parle de l'école... Regarde.

Faire écouter la bande son dans son intégralité et demander ce qu'ont relevé les enfants (musique d'appel, 2 voix de femmes, la chanson chantée 2 fois, bruits...).

b. <u>Livre ouvert</u> : *Ouvrez vos livres... Ouvre ton livre... Regarde la page couverture du magazine 1. Écoutez... chut... Écoute.*

Faire écouter à nouveau la bande son. Mettre en évidence avec les enfants combien de personnes parlent (animatrice – maîtresse). Dire qu'ils vont entendre souvent la même dame : *c'est l'animatrice dans "Le petit Trampoline".*

page 5

VOCABULAIRE	PHONÉTIQUE	LANGUE DE LA CLASSE	PAGES JEUX
la cassette l'animatrice les chiffres de 0 à 10 l'école	intonation rythme avec la chanson (coupure par syllabe) [d]/[v]/[t] [wa].	reprise des premières séances *Chut, taisez-vous les enfants.* *Bien.* *Encore une fois.* *Bravo.* *On chante.* *la chanson* *Qu'est-ce qu'il faut ?*	p. 19, 20, 21 chanson "5 doigts" jeu du chat écriture des chiffres faire les cartes des premiers chiffres jeu de carte (la bataille)

Reprendre la bande son et bien isoler ce que dit l'animatrice et ce que dit la maîtresse. Laisser les enfants chercher dans le magazine 1 pour confirmer le thème : **oui, dans le magazine 1 on parle de l'école. Dans "Le petit Trampoline 1", on chante à l'école. On chante.** Ponctuer les réponses des enfants par **bien, bravo** ou **encore une fois**. On voit toujours les mêmes personnages dans tout le magazine 1 sur les dessins.

3. Activités

a. La chanson : reprendre la chanson sur la cassette. Apprendre la chanson. Expliquer sommairement en mimant (*pas de charge* : très forts, très lourds – *pas de loup* : très doucement, très silencieusement). On la reprendra ultérieurement en remplaçant *"je"* par *"il, elle, on, tu"*.

b. Le panneau bleu du magazine 1 : reproduire la couverture, la colorier et la mettre sur le panneau 1. On peut mettre l'illustration de la chanson en dessous, dessiner une école pour rappeler le thème.

c. Les activités p. 19, 20 et 21 si on choisit l'option de renforcement. De préférence, faire l'activité pour écrire les chiffres, ce qui servira très vite.

+ Suggestions

a. La chanson : faire rythmer la chanson avec les mains, les pieds, sur les cuisses. (2.2.2/6 – 3.4/6 – 4.4/6 – 4.4/6 – 4.4/6 – 4.4/6) en comptant (1,2 – 1,2 – 1,2/1,2,3,4,5,6…). Faire mimer par plusieurs enfants. Faire une ronde (s'arrêter sur et *Et je ne marche pas*).

b. La cassette de la classe : enregistrer les enfants en train de chanter : c'est la première fois qu'ils s'entendront… en français !

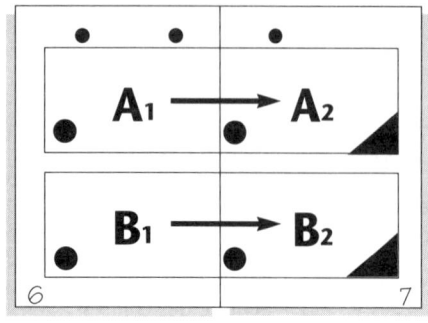

Magazine 1 ■ Histoire

Histoire : Thomas, une sorte de petit lutin, arrive dans une classe après les autres. Mais à chaque fois que Marie, élève de la classe, éternue il disparaît dans un bruit fantastique. David, voisin distrait de Marie, dit poliment "À tes souhaits"… et Thomas réapparaît, toujours dans un bruit fantastique mais différent. Personne ne comprend, surtout la maîtresse, sauf Marie à la fin de l'histoire.

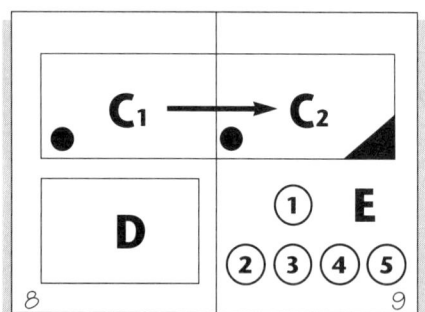

1. Regarder

a. Faire observer les 4 pages.

b. Faire trouver les repères :
- le carré rouge et le titre *histoire*.
- le carré rouge sur les numéros de chaque page.
- les consignes : *Regardez le chat. Qu'est-ce qu'il fait ? Il regarde, il écoute et il parle.*
- le fond en pointillés rouges.

Rappeler l'activité ensuite : *Qu'est-ce qu'on fait ? On regarde et on écoute une histoire.*

c. Faire observer le sens de la lecture des images et leur organisation :
- les vues d'ensemble de la classe (A1, B1 et C1) avec le même personnage sur la gauche (●)
- les vues plus rapprochées sur une partie de la classe (A2, B2, C2 et D) avec, à chaque fois, le même personnage qui passe d'une partie vers l'autre (A1 → A2…) au milieu. La fin des images A2, B2 et C2 se termine sur le même dessin (partie noire, étoiles et un cartable).

Faire trouver la fin de l'histoire : poste de télévision avec *"FIN"* en bas à droite de la page 8 (D) et une partie différente avec la tête des personnages (E) (◢).

d. Faire trouver les personnages principaux : le petit bonhomme avec son chapeau à antennes, la maîtresse, la petite fille avec la salopette rouge et le nœud dans les cheveux, le petit garçon avec la salopette blanche à pois bleus, le garçon avec une casquette rouge et un pantalon bleu. Faire retrouver les éléments déjà vus sur la couverture (la maîtresse, le tableau et les murs…).

e. Faire retrouver les personnages principaux dans chaque partie et commencer à laisser émettre des hypothèses sur ce qui se passe : faire observer les différentes attitudes de la maîtresse, du petit lutin, de la petite fille avec son mouchoir, du garçon avec le point d'interrogation au-dessus de la tête.

Faire remarquer "l'entrée dans l'image" du petit lutin, quand il a son cartable sur le dos (A1 seulement) et quand il ne l'a pas, où est resté le cartable (fin de A2, B2 et C2).

pages 6 7 8 9

COMMUNICATION	LANGUE DE LA CLASSE	PAGES JEUX-ACTIVITÉS
Comment tu t'appelles ?	*entrez*	**p. 21**
Je m'appelle…	*assieds-toi*	retrouver les
Moi, je m'appelle – toi, tu t'appelles…	*prends ton livre/prenez vos livres*	personnages
Qui est-ce ?	*tais-toi*	mettre dans l'ordre
C'est… c'est moi	*je ne sais pas*	l'histoire
Bonjour, madame.	*je ne comprends pas*	
Salut.	*j'ai compris – tu as compris ?*	
À tes souhaits !	*qu'est-ce que tu fais ?*	
Oui - non.	*qui veut répondre ?*	
	le bon numéro	

2. Écouter

a. <u>Livre fermé</u> : *Fermez vos livres. Ferme ton livre. Écoutez. Écoute bien*

Durée 3 minutes 34 secondes

MA₂	L'animatrice : Histoire… pages 6… 7… 8… et 9… À l'école, dans une classe… Regarde et écoute.		David : Marie… Qui est-ce ? Le voisin : Chut… tais-toi ! Marie : Je ne comprends pas ! C'est Tho… at, ah,… La maîtresse : Bon, prenez vos livres page Marie : …tchoum.* David : À tes souhaits.*	**B₂**
A₁	*La maîtresse : Chut… Taisez-vous les enfants*. Entrez** Bonjour… Comment tu t'appelles ? Thomas : Je m'appelle Thomas. La maîtresse : Bonjour, Thomas… Assieds-toi… et prends ton livre.* Enfants : (Qui est-ce ?…)		La maîtresse : Regardez la page * Oui, entrez ** Mais, mais je ne comprends pas… mais… c'est… Thomas : Oui, c'est moi… Tho, Tho, Thomas. La maîtresse : Mais qu'est-ce que tu fais ???? Assieds-toi*. Bon, regardez.	**C₁**
A₂	David : Qui est-ce ? Le voisin de David : Chut, tais-toi ! Marie : Je ne sais pas. La maîtresse : Prenez vos livres pa… Marie : ah, ah, at… tchoum*. David : À tes souhaits*.		David : C'est qui ? Marie : Salut, moi, je m'appelle Marie et toi, tu t'appelles… ah, ah, at… Thomas : Non, non… Marie : … tchoum *.	**C₂**
B₁	La maîtresse : Bon, prenez vos livres page* Oui, entrez** Thomas : euh… bonjour madame. Enfants : (Qui est-ce ?…) La maîtresse : Chut, taisez-vous !… euh, oui… bonjour… comment tu t'appelles ? Thomas : Je m'appelle Thomas madame. La maîtresse : Oui Thomas… Bon, Thomas… assieds-toi… et prends ton livre.*		David : À tes souhaits ! * Salut. Thomas : Salut. Marie : Ah oui ! J'ai compris "À tes souhaits" et tu es là. Assieds-toi Thomas.	**D**
			L'animatrice : Fin de l'histoire… Tu as compris ?… Qui veut répondre ?… Regarde page 9… Qui est-ce ?	**E**

Faire écouter 2 fois la bande son en demandant d'être attentifs aux bruits et aux personnages.
Faire retrouver :

– les repères (musique d'appel, l'animatrice).
– le nombre de personnages. Reconnaît-on la voix de la maîtresse ? de l'animatrice ?
– les bruitages (porte, pas, bruits de classe, les bruits "fantastiques" genre rayon laser, les éternuements).

Laisser les enfants "construire" l'histoire à partir de cette première écoute.

b. Livre ouvert : *Ouvrez vos livres, ouvre ton livre page 6. Écoutez, écoute et regardez. Regarde bien.*

- Faire écouter à nouveau la bande son en laissant les enfants suivre sur le livre. Observer comment ils tournent les pages, suivent sur les images.
- Essayer de faire repérer le début et la fin de chaque partie avec les bruitages correspondants : coups sur la porte (début A1, B1 et C1) – pas (passage A1 vers A2, B1 vers B2, C1 vers C2) – bruits "rayon laser" (après éternuements) – autre bruit laser (après "À tes souhaits").
- Les hypothèses émises se confirment-elles ? *Tu as compris ? Qui veut répondre ?*

c. Reprendre chaque partie A, B, C et D en faisant retrouver les personnages sur les images et ce qu'ils disent. *Qui est-ce ? Qu'est-ce qu'il dit ? Qu'est-ce qu'elle dit ?* Faire remarquer qu'on entend la maîtresse dans les parties A2, B2 et C2 mais qu'on ne la voit pas sur l'image.

Bien isoler les prénoms des personnages : *Thomas*, *Marie* et *David* (dont on ne donne pas le prénom sur la bande son). Le personnage à la casquette rouge *Chut, tais-toi* n'a pas de prénom (on lui en donnera un dans les pages "l'alphabet") et ne parle que dans A2 et B2. Faire remarquer que David pose toujours la question *Qui est-ce ?* ou *C'est qui ?* parce qu'il a toujours la tête dans son cartable quand Thomas arrive dans la classe (cf. A1, B1 et C1). Faire répondre à la dernière partie de la bande son.

d. Faire (ou faire dessiner) les personnages sur des grandes feuilles en carton, les découper pour faire des silhouettes. En écoutant la bande son, faire "jouer" les silhouettes par plusieurs enfants. Les ranger sur le panneau bleu *"À l'école"* avec les carrés rouges (titres, pages). Si l'option marionnette a été choisie, faire la même chose.

3. Activités

a. Mise en situation : faire mimer l'histoire par plusieurs enfants en écoutant la bande son. Faire jouer l'histoire. Trouver un titre à l'histoire (ex : *L'histoire de Thomas – Thomas à l'école – "À tes souhaits…"*).

b. Se présenter : reprendre les formules de présentation et se présenter en classe. Faire préparer des petites situations par 2 ou par 3 pour arriver à :

- Enseignant(e), 1 enfant :
    1. *Bonjour.*
    2. *Bonjour madame* (ou *monsieur*).
    1. *Comment tu t'appelles ?*
    2. *Je m'appelle…*
    1. *Bonjour… assieds-toi et prends ton livre.*

- 3 enfants :
    1. *Salut.*
    2. *Salut, moi je m'appelle… et toi ?*
    1. *Moi, je m'appelle… et toi, tu t'appelles comment ?*
    2. *Moi, je m'appelle… Qui est-ce ?* (en désignant 3).
    1. *C'est…*
    3. *Oui, moi c'est…*

c. Langue de la classe : reprendre les différentes expressions en situation dans un premier temps. L'enseignant(e) avec un ou plusieurs enfants de la classe.

Exemple :
- enseignant(e) : *Chut, taisez-vous les enfants. Tais-toi X. Qu'est-ce que tu fais ?*
- enfant : *J'écoute (je regarde – je parle, je chante…)*
- enseignant(e) : *Je ne comprends pas. Parle, encore une fois.*
- enfant : *J'écoute.*
- enseignant(e) : *Bien, j'ai compris. Tu écoutes. Bravo. Tu as compris Y ?…*

Laissez les enfants préparer des petites situations en leur donnant quelques expressions et en les laissant choisir ensuite.

d. Reprise : faire écouter la bande son en regardant le livre. Reprendre l'histoire en langue maternelle et reprendre chaque personnage en questionnant en français :

- *Qui est-ce ? Qui veut répondre ? X ? Parle.*
- X : *C'est la maîtresse.*
- *Bien. Qu'est-ce qu'elle dit ?*
- X : *Chut. Taisez-vous les enfants ! Entrez. Bonjour. Comment tu t'appelles ?*
- *Bien. Et là* (montrer le personnage) *Qui est-ce ? Qu'est-ce qu'il dit ? Qui veut répondre…*

e. Activité p. 21 : faire l'activité de la partie "Jeux" si l'option renforcement est privilégiée.

✚ Suggestions

a. <u>Une autre histoire</u> : inventer avec les enfants, sur la même trame, une histoire avec d'autres prénoms (les prénoms de la classe par exemple), avec d'autres codes de disparition (une autre formule comme ***chut, tais-toi*** ou ***encore une fois…*** ou un autre bruit) et de réapparition, avec une autre fin… Reconstruire l'histoire en choisissant les énoncés correspondants. Illustrer l'histoire. La mimer. La faire jouer.

b. <u>Dessiner l'histoire</u> : faire dessiner par équipes de 2 toute l'histoire sur 7 feuilles de papier. Chaque équipe viendra organiser son histoire en tirant au hasard chaque feuille : il s'agira de reconstituer l'ordre selon le sens de la lecture de la gauche vers la droite sur le tableau. On pourra mettre le sens à suivre au début (cf. schéma proposé p. 24) et l'effacer ensuite. Sélectionner une série pour mettre sur le panneau bleu *"À l'école"*.

c. <u>La cassette de la classe</u> : faire enregistrer les différentes productions :

– l'histoire reprise avec d'autres prénoms (ceux des enfants jouant l'histoire) avec le titre choisi ;
– les petites situations de présentation (cf. 3. b), de langue de la classe (cf. 3. c) ;
– une autre histoire, la nouvelle histoire inventée à laquelle on donnera un nouveau titre également.

d. <u>Filmer</u> : faire préparer par une équipe le jeu de mise en scène et le mime et par une autre, les énoncés des situations. Filmer d'abord le mime. Laisser le groupe trouver les énoncés après la projection. Passer ensuite la partie avec les paroles et confirmer ce qui a été trouvé.

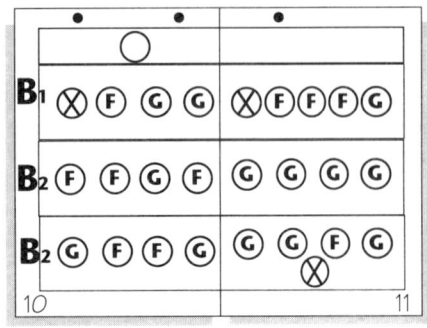

Magazine 1 ▶ Alphabet

GRAMMAIRE	VOCABULAIRE	PHONÉTIQUE
c'est je suis, tu es notion de masculin/féminin (un, une – le, la)	l'alphabet, les lettres, la photo en haut, au milieu, en bas, il y a	l'alphabet, l'alphabet phonétique les prénoms français différencier la tonalité interrogative (montante)

F = fille
G = garçon
⊗ = les personnages de l'histoire

1. Regarder

a. Faire observer les 2 pages : c'est une photo de classe collée sur les pages d'un cahier (bouts de scotch aux 4 coins, rayures et marges du cahier). Il y a des lettres en majuscules en haut et des lettres en écriture cursive en bas. Est-ce qu'on connaît ces lettres ? Sont-elles les mêmes dans la langue maternelle ? Ce sont les lettres de l'alphabet français.

b. Faire retrouver les repères (triangles bleus, titre *Alphabet*, pages), les consignes : *Regardez le chat. Qu'est-ce qu'il fait ? Qui veut répondre ?... Oui, il regarde, il écoute et il joue. Qui a compris ? Qui n'a pas compris ?*

Rappelez le type d'activité ensuite : *Qu'est-ce qu'on fait ? On cherche, on se souvient,* on apprend quelque chose.

c. Faire repérer le nombre de lettres (26) en haut et en bas (dire que ce sont les mêmes, écrites différemment), le nombre d'enfants (26) et la maîtresse. Faire retrouver les personnages de l'histoire ⊗. Et là, qui est-ce ? Faire trouver les filles (11) et les garçons (15). Faire trouver le lieu (le tableau, les étiquettes écrites) : *Oui, c'est à l'école dans une classe.*

Laisser les enfants émettre des hypothèses sur ce qu'ils vont devoir faire : ne rien affirmer mais laisser trouver le moyen de confirmer : *Je ne sais pas. Qu'est-ce qu'on fait X ?... On écoute la cassette. Bien, chut, taisez-vous. Tais-toi. Écoutez bien la cassette. Écoute bien.*

2. Écouter

a. <u>Livre fermé</u> : *Fermez vos livres. Ferme ton livre. Chut.*

Durée 5 minutes 10 secondes

MA₃	L'animatrice : L'alphabet page 10 et page 11... On chante... [chanson de l'alphabet p. 93].
A₁	Garçon : Bon, encore l'alphabet mais plus vite [chanson de l'alphabet].
B₁	L'animatrice : Regarde la photo... En haut il y a Marie, Hélène, Alexandre, Kévin, David, Florence, Nathalie, Sophie et Laurent.
B₂	L'animatrice : Au milieu, il y a... Fille : Zoé , Fille : Isabelle , Garçon : Julien, Fille : Yolande. L'animatrice : Oui et Xavier Romain, Ursule et Quentin.
B₃	Et en bas, il y a Olivier, Eugénie, Cécile, Basile, Germain, William, Pauline, Valentin.

	Thomas... Thomas et moi, Thomas.
C	* Garçon : 1, 2, 3, 4, 5... c'est un garçon, il s'appelle David. David : Bah oui, je m'appelle David. * Fille : 1, 2, 3, 4, 5... c'est une fille. Elle s'appelle Zoé. * Garçon : 1, 2, 3, 4, 5... c'est un garçon, il s'appelle Romain. * Fille : 1, 2, 3, 4, 5... c'est un garçon (voix des autres : ouoh non !) Fille : D'accord, ce n'est pas un garçon, c'est une fille. Elle s'appelle Cécile. Thomas : Et moi, je suis une fille ou un garçon ? L'animatrice : Tiens, tiens... qui est-ce ? Ah, la maîtresse s'appelle madame Artaud, Martine Artaud.

Faire écouter une seule fois la bande son pour retrouver les repères (musique d'appel, l'animatrice) et mettre en évidence les chansons (une lente et une plus rapide), ce que peut bien dire l'animatrice, les interventions des enfants avec le bruit des dés.

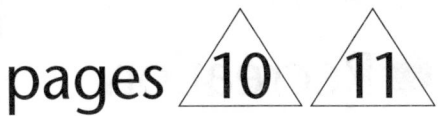

COMMUNICATION	LANGUE DE LA CLASSE	PAGES JEUX-ACTIVITÉS
C'est un garçon. Il s'appelle… C'est une fille. Elle s'appelle… Je suis une fille ou un garçon ?	On se souvient. Allez-y, recommencer. Encore une fois s'il vous plaît/s'il te plaît. Plus vite. D'accord. Continue.	**p. 22** l'alphabet phonétique reprise de la chanson, les prénoms, présentation de quelqu'un

b. <u>Livre ouvert</u> : *Ouvrez vos livres. Ouvre ton livre. Prenez vos livres. Prends ton livre pages 10 et 11.* Confirmer l'activité : pages 10 et 11 on apprend bien l'alphabet, les lettres en français, on apprend des prénoms français et on joue et faire écouter une nouvelle fois la bande son.

3. Activités

a. <u>Les chansons</u> : faire écouter la partie (A) de la bande son. Faire répéter plusieurs fois la chanson lente en reprenant : ***allez-y recommencez, encore une fois s'il vous plaît.*** Expliquer brièvement le sens. La chanson sera reprise dans d'autres activités. Continuer en disant : ***encore l'alphabet mais plus vite.*** Faire remarquer la coupure de chaque chanson avec ce qui est identique :

– 1 : <u>ABCDEFG</u> / HIJKLMN/OPQRSTU / VW / <u>XYZ</u>

– 2 : <u>ABCDEFG</u> / HIJKLMNO / PQRSTUV / W / <u>XYZ</u>

b. <u>Les prénoms</u> : faire écouter chaque partie de (B) séparément et faire retrouver les enfants de la photo. Faire répéter les prénoms. Faire choisir un prénom pour l'enfant à la casquette rouge de l'histoire. Reprendre ensuite l'écoute de chaque partie et demander de retrouver quelques prénoms :

ex sur B1 : ***Regarde en haut, qui est-ce ?*** (en montrant le 3ᵉ) ***Oui, bravo, c'est Alexandre. D'accord, c'est Alexandre.***

c. <u>Le jeu</u> : faire écouter la partie (C). Laisser répondre pour Thomas : ***c'est Thomas.*** Reprendre : ***C'est une fille ou un garçon ? C'est un garçon, oui, bravo.*** Laisser trouver le jeu : jeter le dé, compter en partant en haut à gauche à partir de Marie, suivre le sens de la gauche vers la droite et recommencer à gauche à la rangée d'en dessous (c'est le sens de la lecture en français et dans la langue maternelle, est-ce le même ?). Noter la formule d'insistance de David ***bah oui*** (un peu vexé qu'on ne le reconnaisse pas !). Laisser les enfants reprendre le jeu et les énoncés correspondants jusqu'au bout. Refaire la même chose en jetant un dé et en avançant du nombre de points (ex : ***6… 1, 2, 3, 4, 5, 6. C'est une fille. Elle s'appelle Florence***).

d. L'activité p. 22 dans le cadre de l'option renforcement.

+ Suggestions

a. <u>L'alphabet</u> : faire écrire les lettres sur un papier calque. Découper selon les coupures des chansons pour faire des étiquettes à placer au fur et à mesure de la mélodie.

b. <u>Les prénoms</u> : faire énoncer les prénoms français dans l'ordre alphabétique. Noter le "h" aspiré dans *Hélène*, les transformations de "w, x et y". Faire la même chose avec les prénoms des enfants de la classe (noter les impossibilités s'il y en a). Faire épeler.

c. <u>Présenter quelqu'un</u> : reprendre toutes les formulations pour présenter un garçon (*il*) et une fille (*elle*) en les faisant varier et en y ajoutant la formule interrogative avec *ou*. Faire préparer des petites situations à 2 ou 3 comme dans les activités de l'histoire.

Faire dessiner les enfants de la photo et de la classe et demander de les présenter. Faire employer *je suis, tu es…*

d. <u>La photo de la classe</u> : faire la photo des enfants de la classe de la même manière que celle présentée sur le livre et reprendre les énoncés en conséquence. Enregistrer sur la cassette de la classe cette nouvelle présentation. Mettre sur le panneau bleu *À l'école*.

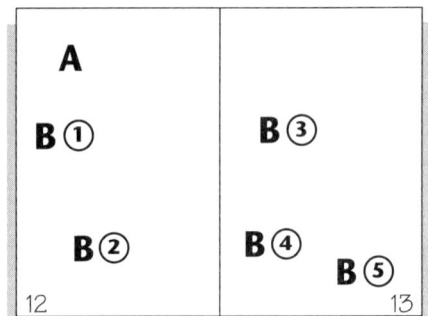

 **Magazine 1** ● Récréation

Découvrir la page (illustration et bande son) mais ne pas travailler toutes les comptines en même temps. Reprendre dans autres activités (voir suggestions).

COMMUNICATION

Moi, je m'appelle...
Toi, tu t'appelles...
Combien en veux-tu ?

1. Regarder

a. Faire observer la page afin de découvrir un nouveau lieu dans une école : la cour de récréation et ce qu'on peut y faire, à quoi on peut jouer. Après avoir laissé les enfants s'exprimer, mettre en évidence :

— une présentation différente : dessin pleine page, pas de consignes avec le chat ;
— ce qui est connu : le rond vert et le titre *"récréation"* et les numéros des pages ;
Laisser les enfants retrouver le type d'activité : *alors, qu'est-ce qu'on fait ?... Oui, bien, bravo ! On chante, on récite on joue ;*
— les personnages connus : la maîtresse, Marie, Thomas, David, le garçon à la casquette rouge. Reprendre les questionnements *Qui est-ce ? Qu'est-ce qu'il (elle) fait ? Et là, c'est qui ?* ;
— les actions pouvant répondre à certains énoncés connus : *elle parle, je ne comprends pas* (garçon près du panier de basket, David) ;
— les jeux présentés : la corde à sauter, une marelle, une ronde, un jeu avec les chiffres, jouer à la balle, au ballon...
On pourra alors donner : *il court, il marche, il saute, il pleure...*

b. Comparer la présentation de cette cour de récréation d'une école française avec la cour de l'école ainsi que les jeux qui s'y font. Faire faire un dessin pour comparer.

2. Écouter

a. Faire écouter la partie (A) de la bande son.

Durée 5 minutes 49 secondes

A₁ **MA₄**	L'animatrice : Page 12 et 13... Récréation... À l'école, c'est la récréation... Dans la cour, on joue, on chante, on récite des comptines. Écoute.
B	* 1. Le Palais Royal (cf. p. 93) * 2. 1, 2, 3, moi (cf. p. 93) * 3. L'étourdi (cf. p. 93) * * 4. De 1 à 6 (cf. p. 94) * 5. 10 + 1 (cf. p. 94) <u>Des filles</u> : bravo
C	* <u>La maîtresse</u> : * Allez, en rang... en rang les enfants... Allez...

<u>Livre fermé</u> : faire retrouver la musique d'appel, la voix de l'animatrice, les bruits de sonnerie et de pas dans les couloirs avant d'arriver dans la cour. Confirmer la lecture de l'image et l'écoute de cette première partie : *alors, c'est à l'école. C'est dans la cour. C'est la récréation. Qu'est-ce qu'on fait ?* <u>Livre ouvert</u> : faire écouter, une à une, les comptines de la partie (B).

b. Faire regarder ① sur la page 12 en demandant d'écouter : *regardez bien Marie. Écoutez bien la cassette.* Faire écouter "Le Palais Royal" (B1). Relever les bruits de corde. Expliquer que la chanson sert à sauter à la corde. On ne doit pas marcher sur la corde : quand on dit *oui, non, oui, non...* on fait aller la corde plus vite. Si on marche sur un *non* avant le cinquième *oui*, ce n'est pas la vérité et la demoiselle ne peut pas épouser le monsieur. Si on arrive au bout du cinquième *oui*, c'est la vérité. Ils peuvent se marier. (Faire remarquer le garçon et la fille qui ont gagné avec les cœurs au-dessus de leurs têtes.)

c. Faire écouter "1, 2, 3 moi" (B2) et laisser retrouver l'illustration correspondante ②. Expliquer qu'on fait une ronde et

pages ⑫ ⑬

PHONÉTIQUE	LANGUE DE LA CLASSE	VOCABULAIRE	REPRISE POSSIBLES DANS D'AUTRES MAGAZINES
1. [e] en finale [wi] 2. [wa] [ɪs] 4. [b]/[v]/[t] 5. [ɛz] [œ] [ɛ̃] [z]	On récite. Allez, en rang. On joue. maintenant	la récréation, la cour une comptine, des comptines un poème (une poésie) mademoiselle monsieur gagné, éliminé nombres → 20	1. "Le Palais Royal" .... p. 18, p. 26 2. "1, 2, 3, moi" .... p. 18, p. 26 3. "L'étourdi .... p. 14-15, p. 18, p. 23, p. 26 4. "De 1 à 6" .... p. 14-15 5. "10 + 1" .... p. 18, p. 23, p. 26

que Thomas, le meneur de jeu, compte *1, 2, 3* et doit tomber sur un garçon. Si c'est vrai, le garçon a gagné. Si ce n'est pas un garçon mais une fille, elle est éliminée.

d. Faire regarder ③ avec David et faire écouter "L'étourdi" (B3). Expliquer que c'est un poème (ou une poésie) avec les lettres de l'alphabet et qu'on doit chercher la tête d'un personnage dans l'arbre. Est-ce qu'elle est près de l'oiseau qu'on entend ?

e. Faire écouter "De 1 à 6" (B4) et laisser retrouver l'illustration ④. Expliquer que c'est encore un jeu dans lequel on doit compter. On peut être éliminé ou au contraire on peut gagner et rester dans le jeu pour devenir, à la fin, le meneur de jeu.

f. Faire écouter "10 + 1" (B5) et retrouver l'illustration ⑤ à l'aide des bruits de balles et des *bravos*. Expliquer qu'en jouant à la balle on apprend à compter jusqu'à 20 et de nouveaux prénoms français.

g. Faire écouter la dernière partie de la bande son (C) : la récréation est terminée, on se range pour retourner en classe. Est-ce qu'on le voit sur l'image ? Non. Faire illustrer.

3. Activités

a. Le Palais Royal : expliquer le sens de la chanson (Le Palais Royal est un quartier de Paris. C'est une vieille chanson française). Le but de la chanson est d'employer plusieurs prénoms de garçon et de fille. Reprendre la chanson avec les prénoms français et faire jouer avec les prénoms des enfants. Bien faire attention à la prononciation finale de [e] ainsi que celle de [wi].

b. 1, 2, 3 moi : expliquer la règle : les enfants font une ronde et avancent en récitant la comptine. Ils s'arrêtent à "***Benoît***". Le meneur de jeu, au milieu, désigne au hasard *1, 2* et *3* enfants. Comme Benoît est un prénom de garçon, si l'enfant sur lequel s'est arrêté le meneur de jeu à 3 est un garçon, celui-ci doit le confirmer en disant "*Je suis un garçon. Gagné*". Il peut rester dans la ronde. Si l'enfant désigné à 3 est une fille elle dit "*Je suis une fille. Éliminée*". Elle sort de la ronde. Les enfants reprennent la ronde jusqu'à "*Alice*". À l'arrêt, le meneur de jeu compte tout bas 1, 2, 3 et tout haut *4, 5, 6*. Comme Alice est un prénom de fille, l'enfant désigné à *6* doit être une fille. On reste ou on sort selon le même principe. Le dernier enfant qui reste devient le meneur de jeu. Reprendre la comptine avec les enfants : bien faire attention à la prononciation [wa] – [ɪs] et à l'intonation interrogative "*Et moi ? Et toi ?*". Mettre les nouveaux prénoms français dans la liste alphabétique.

c. L'étourdi : expliquer brièvement le poème. Faire retrouver la tête de Joseph dans l'arbre (à noter que pour les besoins de la rime l'auteur a remplacé la formule correcte "la tête de Joseph" par "à"). Noter la chute sans rime avec le son de la lettre Z : "*Il faut que tu m'aides*" à rapprocher de ce qui a été vu dans la chanson de l'alphabet ("*la musique va nous aider*"). Reprendre le nouveau découpage de l'alphabet.

d. De 1 à 6 : expliquer le jeu. Dix enfants choisissent au hasard un carton avec un chiffre : ils se placent en rond dans l'ordre des chiffres de 1 à 10, le meneur de jeu est au milieu. Ils récitent la comptine et après "***combien en veux-tu ?***, le n° 1 donne un chiffre (ex : 4). Le meneur de jeu compte à partir du n° 1 et tombe sur le n° 4 qui est éliminé. Après reprise de la comptine, même interrogation du meneur de jeu, toujours au n° 1 (ex : 7). Le meneur compte toujours à partir du n° 1 (1, 2, 3, 4, 5, 6, 7) et c'est alors le n° 8 qui est éliminé. On continue ainsi, le n° 1 devant faire en sorte de ne pas être éliminé et de rester le dernier en piste. Il devient alors le meneur de jeu. S'il est éliminé en cours de route, on redistribue toutes les cartes et on recommence. Bien vérifier la prononciation [b]/[v]/[t] dans "*combien en veux-tu ?*".

e. 10 + 1 : le jeu consiste à envoyer contre un mur 2 balles sans les faire tomber jusqu'à la fin de la comptine, c'est la raison pour laquelle on essaie de "perturber" le joueur en ajoutant des petites phrases après *13, 16, 19* et *20*. Celui qui joue énonce les sommes (*10 + 1 onze, 10 + 2 douze*...) et un autre (ou plusieurs) les petites phrases. Vérifier la prononciation de [z], [ɛz], [œf], [ɛ̃]. Relever les nouveaux prénoms français.

f. La cassette de la classe : enregistrer toutes les comptines et chansons avec les enfants. Faire illustrer pour le panneau bleu de référence.

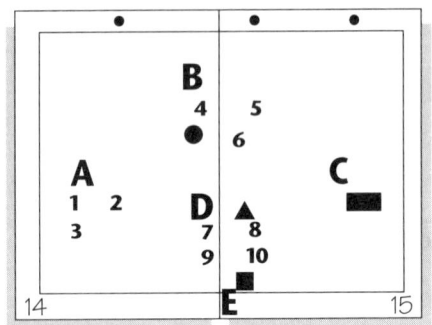

Magazine 1  Une classe

COMMUNICATION	VOCABULAIRE
Qu'est-ce qu'il (elle) fait ? Qui est-ce ? Qu'est-ce que c'est ?	il dessine sur, elle colorie avec, il découpe, tu comptes, il lit, elle écrit, un carré bleu, un triangle rouge, un rond vert, un rectangle jaune, la chaise, une table, une trousse, un crayon, une règle, un cahier, un stylo, une gomme

1. Regarder

a. Faire observer l'image pour resituer : on retourne dans la classe mais elle n'est pas installée de la même façon. Les enfants travaillent par groupes, en ateliers. Laisser les enfants trouver et retrouver les différents éléments (le matériel, les personnages, ce qu'ils font, les affichages...). Comparer avec l'organisation de la classe, trouver ce qui est pareil, ce qui n'est pas pareil.

b. Faire retrouver les repères : *Regardez en haut et en bas, regardez le chat. Qu'est-ce qu'on fait ?* Donner le titre "*Une classe*" et rappeler le type d'activité : *on regarde, on écoute une autre petite histoire, d'autres mots.*

c. Utiliser les comptines et chansons correspondantes "L'alphabet', 'L'étourdi", "Pas à pas", "5 doigts", "De 1 à 6".

2. Écouter

Durée 4 minutes 25 secondes

MAs **A**	L'animatrice : Une classe pages 14 et 15. L'animatrice : Regarde Thomas... Qu'est-ce qu'il fait ? * Il dessine un carré bleu... Et Marie, qu'est-ce qu'elle fait ? * Elle colorie un triangle rouge. Et David ? Qu'est-ce qu'il fait ? * Il découpe un rond vert...
B	L'animatrice : ... Regarde le rond vert avec la lettre A. Qui est-ce ? Oui, bravo, c'est la maîtresse. Chut ! Écoute la maîtresse Maîtresse : Assieds-toi sur la chaise... et regarde bien le tableau... Allez, tu comptes... 0, 1, 2, 3, 4, 5, 6, 7, 8, 9, 10. Garçon : Euh... 11, 12, 13, 14, 15, 16 euh... 17, 18, 19... 20 ! Maîtresse : Bien ! À toi ! Fille : 1, 2, 3, 4, 5, 6...
C	L'animatrice : Regarde le rectangle jaune avec la lettre B. Qu'est-ce que c'est ? C'est une table. Sur la table, il y a une trousse, un crayon, une règle, un cahier, un stylo et une gomme.
D	L'animatrice : Regarde bien le triangle rouge avec la lettre C. Regarde le garçon, qu'est-ce qu'il fait ? Il lit. Et la fille, qu'est-ce qu'elle fait ? Elle écrit. Un garçon écoute. Une fille parle.
E	L'animatrice : Oh... regarde le carré bleu avec la lettre D. C'est le garçon de l'histoire. Qu'est-ce qu'il dit ?
F	L'animatrice : On joue maintenant. Regarde bien... Écoute bien... Et réponds vite... Tu as compris ? Regarde B, le rectangle jaune B. Qu'est-ce que c'est ? Trouve 7 mots. Regarde A, le rond vert A. Qui est-ce ? Regarde C, le triangle rouge C. Qu'est-ce qu'il fait ? Et Thomas, qu'est-ce qu'il fait ? Réponds vite. Regarde D, le carré bleu D. Qui est-ce ? Qu'est-ce qu'il dit ? Vite, réponds.

Reprendre le plus souvent possible les expressions de la langue de la classe durant cette présentation.

a. Livre fermé : faire écouter la partie (A). Demander, ensuite, de retrouver sur l'image où se situe ce que l'on vient d'écouter. Livre ouvert, reprendre l'écoute de la partie (A) et demander de montrer les différents éléments (le titre, les pages, les personnages, les formes...).

b. Livre fermé : faire écouter la partie (B) et faire la même chose que pour la partie (A). Livre ouvert, reprendre l'écoute de (B). Laisser les enfants répondre après *Qui est-ce ?* Faire remarquer les bulles sur l'image.

pages 14 15

LANGUE DE LA CLASSE	AUTRE VOCABULAIRE POSSIBLE	COMPTINES-CHANSONS	PAGES JEUX
réponds vite *trouve*	*une carte de France, un drapeau, une armoire, une ardoise, un calendrier, une craie, un chiffon, un taille-crayons, une pendule, un aquarium, des ciseaux, le bureau.*	"L'alphabet" "L'étourdi" "Pas à pas" "5 doigts" "De 1 à 6" "10 + 1"	**p. 22, p. 23, p. 24** colorier, retrouver les 4 formes, retrouver le matériel, l'intrus dessiner le matériel de sa trousse, les fiches du dictionnaire (jeu des 7 familles).

c. Livre fermé : faire écouter la partie (C) et procéder de la même façon que pour les parties (A) et (B). Faire montrer en classe le matériel donné.

d. Procéder de la même façon pour la partie (D). Bien isoler le garçon qui lit (personnage 7) du garçon qui écoute (personnage 9).

e. Faire écouter la partie (E) en reprenant le prénom choisi et laisser les enfants répondre immédiatement s'ils le souhaitent "***chut ! tais-toi !***".

f. Reprendre l'écoute des parties (A), (B), (C), (D) et (E) en regardant le livre.

3. Activités

a. Les formes/couleur : faire colorier les formes laissées en blanc sur l'image. Reprendre les 4 figures (*rond, triangle, carré, rectangle*) et comparer avec les couleurs des rubriques pour bien distinguer ce à quoi la différence de couleur fait référence :

– le carré rouge, c'est pour l'histoire. Le carré bleu, c'est pour "Qu'est-ce qu'il dit ?" ;
– le triangle bleu, c'est pour "on cherche, on se souvient". Le triangle rouge, c'est pour "Qu'est-ce qu'il fait ?" ;
– le rectangle jaune, c'est pour "On écoute une autre petite histoire, d'autres mots". Et là, c'est pareil. Le rectangle est jaune. C'est pour "Qu'est-ce que c'est ?" ;
– le rond vert, c'est pour les comptines, les chansons, les jeux. Et là, c'est pour "Qui est-ce ?".

• Reprendre les formes des rubriques en écoutant les musiques d'appel correspondantes et faire les nouvelles formes : montrer chacune des formes en reprenant les figurines des personnages (ou les marionnettes) pour les associer aux situations de l'image du livre. Faire mimer (compréhension) par certains enfants et faire trouver les énoncés correspondants (expression) par d'autres. Faire préparer des petites situations correspondant aux parties (A), (B), (C), (D) et (E) par équipes de 2 ou 3 enfants qui les présentent aux autres.

• Faire les activités p. 22 (formes), p. 23 (matériel de la classe, du cartable, de la trousse) et p. 24 (préparer les fiches pour "le dictionnaire").

• Faire illustrer le matériel pour mettre sur le panneau bleu.

b. Le jeu : faire écouter la partie (F) de la bande de son. Faire remarquer qu'on n'entend plus le bruit de la classe : l'animatrice s'adresse bien à nous ! Confirmer la consigne "***Réponds vite***" : c'est le plus rapide qui gagne. Fixer un temps maximum en utilisant un instrument de repère (sablier et/ou chronomètre). Celui qui demande à répondre et qui se trompe est éliminé. Faire écouter la bande son en arrêtant après chaque question. Noter au tableau le nom de celui qui répond le plus vite et le temps mis. Recommencer le jeu en passant toute la partie (D) en une seule fois. On doit donner, ensuite, toutes les réponses en même temps. C'est encore celui qui a mis le moins de temps, sans se tromper, qui a gagné.

+ suggestions

a. Faire reproduire les pages 14 et 15 (papier calque, dessin, photocopie…) et placer 20 formes/couleur (5 ronds verts, 5 rectangles jaunes, 5 triangles rouges, 5 carrés bleus) afin de faire retrouver différents énoncés. Recommencer en demandant aux enfants de placer eux-mêmes les 20 formes/couleur/questions. Faire la même chose avec le dessin de la classe et les enfants de la classe. On choisira un dessin pour le panneau bleu.

b. La cassette de la classe : faire préparer et enregistrer une des productions de l'activité précédente, les enfants inventant un jeu identique mais avec des énoncés correspondant aux dessins produits.

c. Nombres : faire les cartes des nombres jusqu'à 20 en utilisant des objets du matériel de la classe (crayons par exemple) ou en continuant avec les doigts (cf. activité p. 20).

Magazine 1 ■ Couleurs page 16

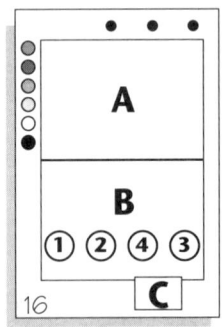

COMMUNICATION	LANGUE DE LA CLASSE	VOCABULAIRE	PAGES JEUX
Qui a dessiné ? Qui a colorié ?	Tu dessines. Tu colories.	les couleurs (bleu, rouge, vert, jaune, blanc, noir) la peinture, une boîte de peinture, l'affiche, les pinceaux, une ardoise, des craies, un feutre (stylo)	**p. 25** colorier pour découvrir une scène d'école

1. Regarder

a. Faire observer la page et noter les supports différents : *il y a une photo et il y a des dessins*. Faire remarquer que l'écrit "LA VIE AUCHAN" va avec la photo parce que c'est une publicité française (AUCHAN est une chaîne de grandes surfaces, d'hypermarchés en France. La publicité montrée a été réalisée au moment de la rentrée des classes au mois de septembre) : *c'est une affiche*.

b. Faire retrouver les repères (forme/couleur, titre "couleurs", les pages, les consignes du chat) : *Alors, maintenant qu'est-ce qu'on va faire ?* Faire retrouver la nature de l'activité. Faire retrouver les personnages, ce qu'ils font et les figures représentées sur le dessin, le cartable avec *Qui est-ce ? Qu'est-ce que c'est ?*

2. Écouter

Durée 1 minute 45 secondes

MA₅ **A**	* <u>Annonce Pub (homme)</u> : Pour la peinture, une belle boîte de peinture avec toutes les couleurs : bleu, rouge, vert, jaune, blanc, noir… Allez, mesdames. <u>L'animatrice</u> : Couleurs… page 16… Regarde l'affiche… Les pinceaux et les couleurs… bleu,… rouge,… vert,… jaune,… blanc,… noir…
B	<u>L'animatrice</u> : À l'école, les enfants ont dessiné et colorié. Regarde… Qui a dessiné et colorié des triangles rouges et blancs ? Qui a dessiné et colorié des ronds verts et noirs ? Qui a dessiné et colorié des rectangles jaunes et noirs ? Qui a dessiné et colorié des carrés bleus et blancs ?
C	Et toi, tu dessines un cartable et tu colories… rouge, bleu et jaune.

a. <u>Livre fermé</u> : faire écouter la bande son entièrement. Quels sont les éléments qui permettent de confirmer la lecture de l'image ? fonds sonores pour l'annonce publicitaire (bruits dans un grand magasin), pour les dessins (école) ; les différentes voix (l'homme et l'animatrice) ; qu'est-ce qu'on a déjà compris ?

b. <u>Livre ouvert</u> : reprendre la bande son dans son intégralité et demander de retrouver les différentes parties correspondantes sur la page.

3. Activités

a. <u>Les couleurs</u> : à partir des ronds isolés sur le côté gauche de la page, faire retrouver chaque couleur sur tous les éléments de la page. Reprendre le matériel de classe connu sur l'affiche et donner les autres éléments (*pinceaux, feutres* ou *stylos feutres*…). Signaler que certaines couleurs seront reprises dans le magazine 2. Faire reproduire l'affiche et demander de colorier tous les éléments énoncés au fur et à mesure sur la partie (A) de la bande son (par exemple, ne colorier que les éléments pour la peinture en commençant par le bleu. On vérifie ensemble. Puis continuer avec tous les éléments rouges, etc.). Faire l'activité p. 25. Bien vérifier la prononciation [b]/[v], [ʀ] [ʒ], [bl], waʀ].

b. <u>Les formes</u> : faire venir un enfant au tableau et demander *Dessine un triangle. Colorie le triangle en rouge.* Quand l'enfant a terminé, énoncer *Bien. X a dessiné et colorié un triangle rouge.* Sans insister, montrer que l'action terminée, on dit *"Il a dessiné"*. Passer la partie (B) de la bande son *Qui veut répondre ?* (David 3 = triangles rouges et blancs. Le garçon à la casquette 4 = ronds verts et noirs. Thomas 1 = rectangles jaunes et noirs. Marie 2 = carrés bleus et blancs).

c. <u>Le cartable</u> : passer la partie (C) et laisser les enfants exécuter sans autre consigne. Vérifier et faire trouver les autres couleurs sur le cartable de la page 16 (blanc, noir, vert).

Magazine 1 — Dictionnaire page 17

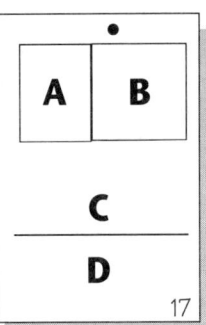

	COMMUNICATION	VOCABULAIRE	PAGES JEUX
La réalisation du dictionnaire est une activité de compréhension : laisser les enfants fabriquer les fiches, la vérification permettra de reprendre les erreurs éventuelles. Activité pouvant être réalisée sur plusieurs séances.	*Tu as vu ?* *Très bien !* *Je sais.*	*une fiche* *une boîte* *un dictionnaire* *un pion* *un jeu*	p. 23, p. 24 les fiches du dictionnaire (jeu des 7 familles)

1. Regarder

a. Faire observer la page et laisser retrouver les éléments connus. Voir ce que les enfants en déduisent et ce qu'ils reprennent spontanément en français. Aidez-les à retrouver la nature de l'activité (les repères) et ce qu'ils vont devoir réaliser (classer, ranger les fiches). Si l'activité p. 24 n'a pas encore été faite, en profiter pour l'introduire.

b. Préparer, déjà, le matériel et montrer ce que les enfants ont réussi à identifier.

2. Écouter

Durée 2 minutes

MA₆ **A**	L'animatrice : Dictionnaire… page 17… On fabrique… On fait un dictionnaire… en français… Regarde le tableau… Qu'est ce que c'est ?… Thomas : Moi, je sais. Il faut… 4 boîtes… des feuilles… des crayons de couleur… des ciseaux… de la colle… des magazines avec des photos… L'animatrice : Très bien. Et toi, tu a vu ?
B	L'animatrice : Qu'est-ce qu'on fait ? Thomas : Moi, je sais. On colorie les 4 boîtes en bleu, blanc et rouge. On colle sur la boîte 1 un rond vert, sur la boîte 2 un rectangle jaune, sur la boîte 3 un carré bleu et sur la boîte 4 un triangle rouge. L'animatrice : Très, très bien Thomas. Et toi, tu as compris ?
C	L'animatrice : Et après, qu'est-ce qu'on fait ? Tu sais Thomas ? Thomas : Oui, oui, je sais. La boîte avec le rond vert, c'est la boîte "Qui est-ce ?". La boîte avec le rectangle jaune, c'est la boîte "Qu'est-ce que c'est ?". La boîte avec le carré bleu, c'est la boîte "Qu'est-ce qu'il dit ? Qu'est-ce qu'elle dit ?" Et la boîte avec le triangle rouge, c'est la boîte "Qu'est-ce qu'il fait ? Qu'est-ce qu'elle fait ?". L'animatrice : Bravo, Thomas !
D	L'animatrice : Et maintenant, les enfants de la classe fabriquent le jeu. Thomas : Oh, oui, oui ! Et après on joue avec un pion rouge et un pion bleu.

a. Livre fermé : faire écouter la bande son dans son intégralité. Les hypothèses émises sont-elles confirmées ? D'autres éléments sont-ils relevés ? Passer une seconde fois la bande son en demandant quelles sont les 2 activités proposées (fabrication du dictionnaire et le jeu). Expliquer à quoi sert un dictionnaire.

b. Livre ouvert : passer à nouveau la bande son et demander de repérer les illustrations correspondantes, A, B et C, pour la fabrication du dictionnaire et D pour le jeu…

3. Activités

a. Le dictionnaire : reprendre les parties (A), (B) et (C) de la bande son séparément, laisser les enfants répondre et montrer toujours sur le livre ainsi que le matériel réel. Faire trouver pourquoi on colorie les boîtes en bleu, blanc, rouge (le drapeau français), à quoi vont servir les photos des magazines (pour illustrer certaines fiches) et que le dictionnaire servira pour tout le livre et surtout pour jouer avec le jeu qui sera fabriqué après. Partager les enfants en groupes de 3 ou 4, chaque groupe prenant en charge une rubrique (ou 2) pour établir les fiches (un groupe pour la couverture et la page fabrication, un autre pour l'histoire…). Pour faciliter le repérage et l'utilisation ultérieure des fiches, trouver des moyens de reconnaissance (un trait bleu, couleur du magazine 1 ; le code/ rubrique, carré rouge, triangle bleu… ; le dessin d'une école, le thème du magazine 1 ; le numéro des pages du livre entouré de la forme et de la couleur correspondant à la rubrique…). Il sera aisé, ensuite, de retrouver dans quel contexte le mot (l'expression…) de la fiche a été vu. Certaines fiches pourront être données à faire à la maison. Trouver une façon de les classer dans chaque boîte (l'ordre chronologique d'apparition peut être la plus simple et la plus gérable au début – cf. Activité p. 23).

b. Le jeu : expliquer la règle du jeu (cf. p. 13). Faire un grand jeu pour la classe, chaque enfant pouvant en réaliser un avec un ordre différent des formes. Faire enregistrer la règle du jeu sur la cassette de la classe.

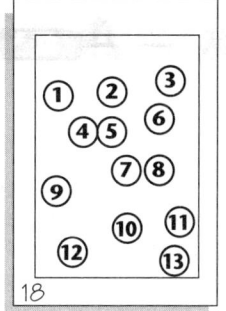

Magazine 1 ■ Mémo   page 18

C'est la page "Humour", prétexte au réemploi, à la reprise de tout ce qui a été vu.
Reprendre les chansons, comptines...
Utiliser tous les supports de référence, de repérage mis en place.
Mimer, jouer, enregistrer, filmer.

1. Regarder

a. L'observation de la page met en évidence qu'on s'amuse : ce ne sont plus des personnages mais des petits chats qui sont en scène... c'est la page de Mémo le chat... d'ailleurs est-ce que les chats ont une queue comme celle de Mémo ? Pourtant, on peut reconnaître certaines choses ? Même la souris de la dernière page du livre (sur la couverture, au dos du livre).

b. Laisser trouver l'activité de la page *On s'amuse, oui et qu'est-ce qu'on fait ? On cherche, on retrouve.* Faire retrouver tout ce que peuvent les enfants (lieu, actions, dialogues, chansons, objets). Est-ce qu'on retrouve les formes/couleur, les repères ?

2. Écouter

Durée 2 minute 8 secondes

[chanson "C'est Mémo le chat" cf. p. 93]
L'animatrice : * Le chat Mémo... page 18... Le chat Mémo à l'école... et le jeu de l'escargot !

a. <u>Livre fermé</u> : faire écouter la bande son. Qu'est-ce qu'on entend ? une chanson, des bruits de l'école et l'animatrice. Qu'est-ce qu'on a compris ? Laisser les enfants répondre. On peut donner un nom au jeu : **le jeu de l'escargot**. On retrouve le début de la chanson présentée lors des premiers jours.

b. <u>Livre ouvert</u> : que retrouve-t-on sur l'image en écoutant à nouveau la bande son ? La chanson nous aide à répondre à des questions connues. "*Qui est-ce ? Qu'est-ce que c'est ? Qu'est-ce qu'il dit ? Qu'est-ce qu'il fait ?*" : Quelles consignes, quels "chats Mémo" pourrait-on mettre en haut de la page ? Qu'est-ce qu'on ne retrouve pas ?

3. Activités

a. <u>La chanson</u> : expliquer brièvement le sens de la chanson : c'est le chat Mémo qui nous aide à retrouver ce qu'on a rencontré dans le magazine. Mettre en évidence le refrain qu'on entend 4 fois : on retrouve "*sans nous tromper*" (cf. "la chanson de l'alphabet") et "*qui nous aidera*" comme "*la musique va nous aider, va vous aider*" ou "*il faut que tu m'aides*" (cf. "l'étourdi"). Et à chaque fois, on est content "*pour nous faire plaisir*" et on trouve tout "*pour tout retenir*". Dans le premier couplet, on retrouve les questions connues et dans le deuxième on retrouve les thèmes de chaque magazine. Apprendre la chanson avec la bande son. À la fin du magazine 1, on enregistre sur la <u>cassette de la classe</u> la chanson de Mémo ! Faire mimer la chanson en utilisant les "accessoires" : formes/couleurs...

b. <u>Réemployer</u> : laisser, dans un premier temps, retrouver les réponses aux questions de la chanson en faisant montrer les personnages correspondants. Reprendre les comptines et chansons selon les situations et personnages (ex : 4/5 : "1, 2, 3, moi" – 13 : "l'étourdi", "l'alphabet" – 6 : "10 + 1" – 10 : "pas à pas" – 7/8 : "de 1 à 6"...). Faire référence aux différentes sources de repérage (panneau bleu, les fiches du dictionnaire, les pages dans lesquelles ont été mis les situations et les énoncés...). Faire reproduire la page et faire mettre les formes numérotées et coloriées sous chaque chat (ex : carré bleu sous 1, 2, 4/5, 8, 12 – rond vert sous 3 et selon "*une fille*" et "*un garçon*" – rectangle jaune sur le vocabulaire de la classe – triangle rouge sous 7/8, 9, 10, 11, 13...). Faire travailler les enfants 2 par 2 : l'un prépare et l'autre répond et on inverse. Comparer avec la classe de l'histoire des pages 14 et 15 et celles réalisées en dessin par les enfants. Enregistrer cette nouvelle situation sur la cassette de la classe. On pourra là aussi mimer, utiliser les figurines ou marionnettes... et filmer.

Et la maîtresse ? Qu'est-ce qu'elle peut dire devant une telle classe ?

Magazine 1 — pages Jeux – Activités

1. Page 19 : page d'introduction

a. Regarder : faire observer la page pour mettre en évidence sa fonction (trouver les consignes des activités et le matériel nécessaire). Faire remarquer la souris qui termine la lettre x formée par la queue de Mémo et Mémo qui saute sur le trampoline (il n'est pas encore très haut car c'est le magazine 1… il sautera de plus en plus haut au fur et à mesure !). Donc, le ton est donné : *on s'amuse, on joue, on rit* en faisant des activités. Faire remarquer les chiffres sur fond noir qui vont avec les différentes attitudes de Mémo et les chiffres sur fond blanc qui vont avec le matériel nécessaire. Laisser les enfants exprimer ce qu'ils ont déjà retrouvé après l'observation de la page 4. Reprendre les silhouettes déjà fabriquées.

b. Écouter : faire passer la bande son dans son intégralité <u>livre ouvert</u>.

Durée 42 secondes

MA₈	Mémo : Youpi ! On joue… Pages jeux… page dix-neuf. Regarde-moi… oui, moi Mémo, je suis Mémo le chat. Qu'est-ce que je fais ? Cherche.
	Et après, qu'est-ce que c'est ? Cherche. Bravo ! Alors il faut des feuilles de papier, un crayon, des crayons de couleur et un dé.

Isoler la musique d'appel de cette page d'introduction de la partie jeux et le bruit de la guimbarde qui sera le repère de chaque activité. Faire colorier tous les chats-consignes déjà repérés. Donner "*Youpi*" : on est content, on s'amuse. Reprendre la première partie. Donner les consignes : 1 *écoute*, 2 *chante et parle* (chanté avec les notes de musique), 3 *fabrique*, 4 *joue*, 5 *écris*, 6 *dessine*, 7 *cherche*, 8 *colorie*, 9 *compare*. Demander, à l'aide des silhouettes, de trouver certaines consignes. On peut, à ce niveau, fabriquer les autres mais il n'est pas important que les enfants se souviennent de toutes les consignes. Ils les reprendront au fur et à mesure des activités.

Reprendre ensuite la deuxième partie de la bande son. Voir si les enfants ont retenu quelque chose, autrement confirmer avec l'aide de Mémo. Montrer le matériel réel. Faire colorier le crayon et les crayons de couleur.

On pourra reproduire la page pour mettre sur le <u>panneau bleu</u> de référence en y installant au fur et à mesure des activités ce dont on a besoin.

2. Page 20 : compter jusqu'à 10 avec les doigts de la main

a. Regarder : faire regarder la première activité. Expliquer que c'est la manière de compter sur ses doigts en France notamment. Faire retrouver les consignes et le matériel. Laisser émettre des hypothèses sur ce que l'on doit faire.

b. Écouter : faire écouter la bande son, <u>livre ouvert</u>.

Durée 1 minute 20 secondes

MA₉	Mémo : page vingt. Qu'est-ce qu'on fait ? Oui, on écoute, on chante et on fabrique. Qu'est-ce qu'il faut ? Oui, des feuilles de papier, un crayon et des crayons de couleur. Écoute la chanson [chanson "5 doigts" cf. p. 94]

On confirme bien : le repère avec la petite musique (la guimbarde) et les activités menées toujours par Mémo. On n'entend plus l'animatrice ! Les enfants ont-ils trouvé ce qu'il fallait faire ? Si non, repasser la bande son.

c. La chanson : expliquer brièvement le sens de la chanson et qu'elle sert à désigner celui qui sera le chat quand on joue au chat (un chat doit attraper les souris en dehors de leur camp). Bien reprendre la manière de compter à la française en reprenant les chiffres. Apprendre la chanson et faire compter à la française avec les doigts : avec la main gauche pour le premier refrain, la main droite fermée. La main gauche reste ouverte pendant la reprise du couplet et on étale les doigts avec la main droite durant le deuxième refrain. À la fin du deuxième refrain, on ferme les 2 mains. On reprend l'ouverture des 2 mains en même temps au troisième refrain et on désigne un enfant avec 1 seul doigt sur "*le chat !*".

Bien vérifier la prononciation [d] [v] (doigt, voix) et [d]/[t] (doigt, tais-toi) et de [wa].

d. Les cartes/chiffres : faire des cartes avec les chiffres illustrés par les doigts de la main. La carte 0 sera illustrée par une main fermée. Une série servira au dictionnaire de français et à la boîte "combien" (cf. livre de l'élève p. 43). Les autres séries pourront servir à jouer <u>à la bataille</u> : distribuer une à une les cartes entre 2 joueurs. On les retourne et on les garde en tas sans les montrer. Le premier joueur retourne sa première carte et l'autre fait la même chose. Celui qui a la carte avec la valeur la plus élevée remporte les 2 cartes qu'ils placent sous les autres de son paquet et il retourne une carte. Quand les 2 joueurs sortent 2 cartes de la même valeur, on dit qu'il y a **bataille**. Laissant les 2 cartes équivalentes exposées, les 2 joueurs en retournent chacun une autre (ou plusieurs s'il y a de nouveau égalité). Le vainqueur de la bataille place le tout sous son paquet. Le gagnant est celui qui a récupéré la totalité des cartes.

3. Page 20 : le jeu du chat

a. Regarder : laisser les enfants retrouver les consignes, le matériel. Ils peuvent également trouver quelques éléments du jeu : à quoi vont servir les dés, le crayon, la feuille de papier ; pourquoi voit-on une main qui dessine le chat ?

b. Écouter : passer la bande son.

Durée 16 secondes

> **MA9** <u>Mémo</u> : page vingt. Qu'est-ce qu'on fait ? Qu'est-ce qu'il faut ? Il faut deux dés, des feuilles, un crayon…

Même si on retrouve les repères, Mémo ne nous aide pas beaucoup, à part sur ce qu'il faut. Donc, il faut écouter la règle du jeu avec l'enseignant(e).

c. Jeu du chat : chaque joueur doit reproduire le chat de la page 20. Chacun coloriera la partie du chat qu'il gagnera avec les dés. On tire au sort celui qui doit commencer et on joue ensuite dans le sens des aiguilles d'une montre (ou on se place selon la valeur du dé lancé : le premier est celui qui aura 6, le deuxième 5…). Le premier joueur fait rouler les 2 dés (on peut utiliser un cornet). Il doit donner les 2 chiffres obtenus et la somme des 2 (par exemple 5 et 4, 9). Il peut alors colorier une patte. Et il passe les 2 dés au joueur suivant. Il faut donc faire 6 pour la tête, 7 pour une oreille, 8 pour la queue, 9 pour une patte et 10 pour le corps. On ne peut faire qu'un double as (1) pour avoir le droit de repasser sur 2 moustaches (il faudra donc faire 3 fois un double as pour colorier les 6 moustaches). Le premier qui a terminé son chat est le gagnant… ce qui n'est pas si facile quand on tire un autre 9 et que l'on a déjà obtenu les 4 pattes ! Si les deux dés lancés font une somme supérieure à 10 (11 ou 12), on passe son tour. On ne doit jouer qu'en français bien sûr ! L'enseignant(e) peut jouer avec 2 ou 3 enfants au début et ensuite on répartit les enfants par groupes de 4, 5 ou 6.

4. Pages 20-21 : écrire les chiffres

a. Écouter : faire écouter la bande son.

Durée 24 secondes

> **MA9** <u>Mémo</u> : pages vingt et vingt et une. On écrit les chiffres 1, 2, 3, 4, 5, 6, 7, 8 et 9… et zéro ?

Est-ce que tous les chiffres peuvent être écrits ? Non, il faut faire le zéro ailleurs (au-dessus ou sur une autre feuille). On dit "*vingt et une*" parce que c'est "*une page*".

b. Regarder le modèle et **écrire** les chiffres. Demander ensuite d'écrire tous les chiffres en les donnant dans le désordre (au tableau, sur une ardoise…). On peut alors écrire convenablement les chiffres sur <u>les cartes des doigts</u> (cf. activité 2).

+ Suggestions

On pourra présenter toutes les activités de la page 20 en une seule fois. Il s'agira alors de **regarder** toute la page, de trouver combien d'activités il y a à faire, de retrouver ce qu'il faut faire et le matériel nécessaire et d'émettre des hypothèses sur les types d'activités. Faire, ensuite, **écouter** la bande son avec les 3 parties correspondantes pour retrouver les activités et confirmer certaines hypothèses. On procédera ensuite de la même façon.

5. Page 21 : remettre en ordre l'histoire

a. Regarder : faire observer les 4 images. Qu'est-ce qu'on connaît ? Qu'est-ce qu'il faut faire avec les consignes données et le matériel qu'il faut ?

b. Écouter : faire écouter la bande son.

Durée 21 secondes

> **MA₉** Mémo : page vingt et une. Cherche, colorie, écris le bon numéro et parle. Qu'est-ce qu'il faut ? Souviens-toi l'histoire de Thomas.

Mémo confirme-t-il ce que nous avions trouvé ? Faire colorier les personnages (la maîtresse, Thomas, David et Marie). Expliquer "*le bon numéro*" : mettre dans les ronds le numéro 2 pour l'image qui vient après l'image 1, ensuite le numéro 3 et le numéro 4 pour la fin. Il faut donc remettre en ordre l'histoire.

c. Remettre en ordre : demander aux enfants de le faire seuls et de retrouver dans les pages en couleurs les situations correspondantes. Ils doivent être capables, ensuite, de donner les énoncés. Pour confirmer, on peut reprendre la bande son de l'histoire. Bien fixer l'ordre à la fin de l'activité : *Alors, au début de l'histoire, Thomas entre dans la classe. La maîtresse dit "Bonjour. Comment tu t'appelles ?" "Je m'appelle Thomas" dit* (ou *répond*) *Thomas. Après, David ne comprend pas. Il dit "Marie, qui est-ce ?" "Je ne comprends pas. C'est Tho...". Elle éternue* (ou *Atchoum*). *Après...* Continuer ainsi jusqu'à "*À la fin de l'histoire, Marie a compris. Elle dit...*".

6. Page 22 : l'alphabet phonétique : fille-garçon

a. Regarder : on retrouve les lettres de l'alphabet, les chiffres, des dessins de garçon et de fille comme sur les pages en couleur de "*L'alphabet pages 10 et 11*". Mais est-ce que c'est pareil ? Est-ce que la présentation est la même ? Que nous indiquent les chiffres des consignes et du matériel ? Le numéro 2 nous indique qu'on doit parler et chanter aussi. Quelle chanson ? Reprendre la chanson de l'alphabet. Montrer l'organisation différente des lettres. Les reprendre sur des étiquettes et les faire répéter : expliquer que ce classement permet de les regrouper par sons identiques.
• son [i] : i, j, x, y – son [ø] : e – son [y] : u, q – son [o] : o – son [e] : b, c, d, g, p, t, v, w – son [a] : a, h, k – son [ɛ] : f, l, m, n, r, s, z.

Mettre ce nouveau classement sur le panneau bleu de référence. Faire répéter et reprendre de la même façon sur le plateau proposé p. 22. On pourra enregistrer sur la cassette de la classe. On pourra, également, de la même façon que pour les chiffres, les faire écrire.

b. Écouter : faire écouter la bande son, livre ouvert.

Durée 1 minute 20 secondes

> **MA₉** Mémo : page vingt-deux. Qu'est-ce qu'on fait ? Qu'est-ce qu'il faut ?
> Écoute : 1, 2, 3, 4, 5. C'est une fille. 1, 2, 3, 4, 5. Fille, c'est une fille. 1, 2, 3, 4, 5. C'est une fille. 1, 2, 3, 4, 5. Fille, dessine une fille. Continue.
>
> Écoute : 1, 2, 3, 4. C'est un garçon. 1, 2, 3, 4. Garçon, c'est un garçon. 1, 2, 3, 4. C'est un garçon. 1, 2, 3, 4. Garçon, dessine un garçon, continue.

Reprendre les consignes. *Qui a compris ?* Si cela est nécessaire reprendre chaque partie de la bande son, les enfants suivant sur chaque case. Laisser ensuite les enfants continuer seuls.

c. Fille-garçon : vérifier si les dessins sont bien placés. Filles (après la première case V) sur les cases F, S, I, C, V, N, Q en suivant le sens du plateau. Garçons (après la première case G) sur les cases W, F, R, H, X, D, V, M, Z, O. Bien isoler les cases sur lesquelles il y a une fille et un garçon (cases F et V).
Reprendre les prénoms français et les reclasser selon l'alphabet phonétique : [i] : Isabelle, Julien, Xavier, Yolande (on entend [i] quand on isole la lettre y mais on ne l'entend plus avec le prénom. Le son devient [j]) – [ø] : Eugénie – [y] : Ursule, Quentin – [o] : Olivier – [e] : Basile, Cécile, David, Germain, Pauline, Thomas, Valentin, William (ne pas insister sur la transformation de certains sons consonnes associés à des voyelles comme [b], [d], [p], [t], [v]. Noter seulement que si le français a 26 lettres pour écrire, il y a 29 sons principaux – w devient [wi]) – [a] : Alexandre, Hélène (reprendre la remarque sur le h aspiré), Kévin (même remarque que précédemment) – [ɛ] : Florence, Marie, Nathalie, Romain, Sophie, Zoé. Donner d'autres prénoms français pour les cases Y : garçon (Yvon, Yves) – V : fille (Valentine, Virginie, Valérie...) – F : garçon (François, Frédéric, Fabien, Fabrice...) – H : garçon (Hugues, Hippolyte, Hubert, Hervé, Henri...) – M : garçon (Martin, Maxime, Michel...). Il est difficile de trouver un prénom masculin pour Z et un prénom féminin pour Q... et dans la langue maternelle ?

Les enfants pourront reconstruire de nouveaux plateaux en changeant l'ordre d'apparition des lettres et la règle pour compter et dessiner un garçon et une fille. Cela pourra être fait à la maison ; montrer ensuite en classe, enregistrer sur la cassette de la classe et déposer sur le panneau bleu ! Si on fait cette activité dans l'option "révision", on pourra reprendre "L'étourdi".

7. Page 22 : ronds, carrés, triangles, rectangles

a. Regarder : les consignes indiquent qu'il faut colorier avec les crayons de couleur mais surtout qu'il faut écouter. Les enfants ont-ils déjà retrouvé les formes ? Peut-être même les couleurs qu'il faut utiliser !

b. Écouter : faire écouter la bande son, livre ouvert, en précisant qu'aucune autre explication supplémentaire ne sera donnée. Le premier qui terminera aura gagné. Accepter, peut-être, de passer la bande son 2 fois.

Durée 53 secondes

> **MA₉** Mémo : page vingt-deux. Écoute et colorie. Il faut des crayons de couleur. Colorie les ronds avec le crayon vert. Colorie les rectangles avec le crayon jaune. Colorie les carrés avec le crayon bleu. Colorie les triangles avec le crayon rouge. Combien de ronds ? Combien de triangles ? Combien de rectangles ? Combien de carrés ? Qui a gagné ?

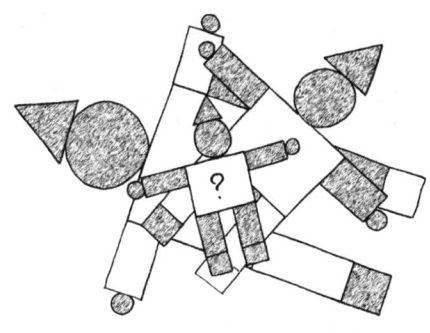

c. Colorier et compter les formes : laisser les enfants travailler seuls. Le premier qui a terminé montre son cahier et répond. Attention, les enfants peuvent colorier en s'appuyant sur la silhouette des bonshommes faite avec les formes et se tromper de couleur. Il ne faut accepter que les formes franches soit 9 ronds verts, 6 rectangles jaunes, 4 carrés bleus, 7 triangles rouges, le corps du petit bonhomme (?) pouvant être considéré comme un carré ou un rectangle (si l'on veut rester dans la stricte définition du carré soit 4 côtés égaux !). Si la contestation s'élève, tant mieux ! Demander aux enfants d'inventer un jeu semblable avec des formes : on enregistrera les consignes sur la cassette de la classe et on mettra sur le panneau bleu le coloriage du gagnant !

8. Page 23 : colorier le matériel de la classe

a. Regarder : encore des consignes où il faut écouter et colorier. On reconnaît beaucoup de choses comme sur *les pages 14 et 15 "une classe"* et on récite la comptine "10 + 1". On colorie *10 + 3 = 13, 10 + 6 = 16, 10 + 9 = 19* et *10 + 10 = 20* car ce sont les sommes où on ajoute une phrase pour faire perdre celui qui joue à la balle.

b. Écouter : faire écouter la bande son pour rappeler les consignes et comprendre ce qu'il faut faire.

Durée 28 secondes

> **MA₉** Mémo : page vingt-trois. Qu'est-ce qu'on fait ? Qu'est-ce qu'il faut ?
> Colorie le bureau, une table, deux chaises, la carte de France et un cartable.

c. Colorier après l'écoute : donner un temps limite (sablier/chronomètre). On montre et on explique : *Là, c'est le bureau. Là, c'est une table...* On vérifie avec la bande son.

9. Page 23 : l'intrus dans le cartable

a. Regarder : beaucoup de consignes et de dessins ! Que faut-il faire ? On retrouve déjà des dessins d'objets connus (*un livre, un cahier, des feuilles de papier, un stylo, des crayons, une gomme, une règle, une trousse*). Mais on voit autre chose aussi (un bonbon et une souris ainsi que des feuilles, des fiches avec une forme – *un rectangle* – en haut). Les enfants ont-ils trouvé l'activité ? En fait, on doit faire 4 choses. Il faut donc bien écouter la cassette.

b. Écouter : faire écouter la bande son en demandant aux enfants de retrouver les 4 activités.

Durée 42 secondes

MA₉	Mémo : page vingt-trois. Regarde. Qu'est-ce qu'il y a dans un cartable ? Cherche et réponds.
	Dessine pour la boîte "Qu'est-ce que c'est ?" un livre, un cahier, un stylo, une gomme, une règle, un crayon… Écris la lettre.
	Maintenant, dessine ce qu'il y a dans ta trousse. Après, on joue !

Bien fixer les 4 activités : 1) trouver les objets du cartable, 2) dessiner des objets pour la boîte "*Qu'est-ce que c'est ?*" (si cela n'est pas encore expliqué, montrer la page 17 et dire qu'on y reviendra plus tard), 3) dessiner les objets de sa trousse et 4) jouer.

c. Dans le cartable : reprendre la première partie de la bande son et mettre un temps limite pour répondre. Et dans un cartable, il n'y a pas de souris ni de bonbons (normalement !). Faire colorier les éléments du cartable sur la frise p. 23.

d. Les fiches "Qu'est-ce que c'est ?" : faire dessiner les objets demandés par Mémo, sans oublier le signe (rectangle jaune). On écrit en haut la première lettre de chaque objet dessiné. On met un trait bleu pour se souvenir que c'est dans le magasine 1 qu'on a trouvé ce mot (ou le dessin d'une école), le numéro des pages en couleur… On pourra mettre ultérieurement d'autres objets (cf. "Dictionnaire p. 17") en découpant des photos dans des magasines. Le classement de cette boîte peut devenir un classement alphabétique.

e. Ta trousse : faire dessiner à chaque enfant ce qu'il y a dans sa trousse – chacun montre à l'enseignant(e) ses dessins et peut avoir ainsi le nom de certains objets non découverts sur les pages du magasine. Il ne faut pas montrer aux autres ce que l'on a fait.

f. Jeu : à tour de rôle, on dit aux autres ce qui a été dessiné. Les autres doivent dessiner. *Qui a tout compris ?* Ensuite, on enregistre sur la cassette de la classe "*Dans ma trousse, il y a… Dans mon cartable, il y a…*" ou "*Dans la trousse de X, il y a…*" et on doit dessiner au fur et à mesure. Le plus beau dessin ira sur le panneau bleu.

10. Page 24 : "Qu'est-ce qu'il fait ? Qu'est-ce qu'elle fait ?"

a. Regarder : qu'est ce qu'on peut faire avec les 12 images numérotées, avec chacune une forme en haut à gauche ? Que se passe-t-il avec les images blanches 3, 5 et 12 ? Qui peut répondre déjà ? À quelles consignes cela correspond-il ?

b. Écouter : faire écouter la bande son.

Durée 27 secondes

MA₉	Mémo : page vingt-quatre. Qu'est-ce qu'on fait ? Qu'est-ce qu'il faut ? Cherche bien et réponds. Fabrique la fiche 3 "Je lis", la fiche 5 "J'écris" et la fiche 12 "Je colorie".

Faire retrouver le sens des formes : *triangle = qu'est-ce qu'il fait* ou *qu'est-ce qu'elle fait ?* – *carré = qu'est-ce qu'il dit* ou *qu'est-ce qu'elle dit ?* Sur quelles images on utilise "*il*" (4, 7, 8, 10 et 11) et "*elle*" (2 et 9).

c. Répondre : faire retrouver toutes les expressions en soulignant les images où on peut faire varier avec "*je*", "*tu*", "*il*", "*elle*" ou "*on*" et avec l'impératif.
1 : *Découpe (je, tu, il, elle, on)* – 2 : *La maîtresse dit : "Prends ton livre"* – 4 : *Le garçon dit* (ou *c'est un garçon. Il dit :*) *"Je ne comprends pas"* – 6 : *Comptez, compte (je, tu, il, elle, on)* – 7 : *Le garçon parle* (ou *c'est un garçon. Il parle*) – 8 : *C'est un garçon. Il dessine* – 9 : *La maîtresse dit : "Asseyez-vous"* – 10 : *Il écoute* – 11 : *Le garçon dit : "J'ai compris"*.

d. Je lis. J'écris. Je colorie : pour bien répondre à la consigne, chaque enfant doit se dessiner pour correspondre à "*Je*".

e. Les fiches du dictionnaire : rechercher toutes les situations correspondant à "*qu'est-ce qu'il fait ?*" et "*qu'est-ce qu'il dit ?*" et faire fabriquer les fiches. (Voir la répartition possible si cette activité est menée conjointement avec celle de la fabrication du dictionnaire p. 17 du livre de l'élève).

f. On joue : avant de jouer au jeu de l'escargot, faire tirer au hasard des fiches avec un carré et des fiches avec un triangle et les enfants doivent trouver les énoncés correspondants. On pourra aussi distribuer toutes les fiches fabriquées entre 3 ou 4 enfants, en laissant une pioche. Il s'agira de reconstituer toute la famille des fiches "*Qu'est-ce qu'il dit ?*" par exemple en jouant comme un jeu des 7 familles. On ajoutera les fiches "*Qui est-ce ?*" et "*Qu'est-ce que c'est ?*". Le premier qui a reconstitué l'ensemble d'une série de fiches a gagné.

11. Page 25 : coloriage

a. Regarder : une nouvelle consigne pour cette activité "*9 = compare*". Les enfants devraient trouver d'eux-mêmes l'activité.

b. Écouter : faire écouter la bande son, livre ouvert.

Durée 57 secondes

MA$_9$	Mémo : page vingt-cinq. Colorie les cases zéro en blanc... les cases 1 en rouge... les cases 2 en bleu... les cases 3 en jaune... les cases 4 en vert et les cases 5 en noir.
	Compare avec tes camarades. Qu'est-ce que c'est ? Qui est-ce ?
	Et n'oublie pas "Le baromètre" page 26. Colorie tout ce que tu sais. [Reprise refrain et deuxième couplet de la chanson "Mémo le chat".]

Qui n'a pas compris ? Reprendre la première partie de la bande son en laissant les enfants colorier chaque espace laissé en haut du coloriage à faire au fur et à mesure. Reprendre la deuxième partie pour bien fixer la seconde activité.

c. Le coloriage : laisser les enfants colorier le dessin proposé (cela peut être fait à la maison, une fois les couleurs repérées en classe).

d. Comparer : comparer les différentes productions et faire décrire l'illustration en posant des questions comme "*Qui est-ce ? C'est une maîtresse ou un maître ? C'est un garçon ou une fille ? C'est dans la classe ou dans la cour de récréation. Qu'est-ce qu'il fait ? Il dessine ou il écrit ? Il fait de la peinture ou il lit ?...*"

Les enfants pourront réaliser des dessins concernant une situation en classe, à l'école... découper en plusieurs parties ce dessin pour le faire colorier, selon leurs propres indications, aux autres enfants. Bien sûr, on enregistrera sur la cassette de la classe les consignes et on exposera, sur le panneau bleu, un ou deux dessins !

12. Page 26 : le baromètre

a. Regarder : nous sommes à la fin du magazine 1. Chacun va colorier son "*baromètre*". Expliquer le sens de "baromètre" : c'est comme pour voir le temps qu'il fait, chacun va voir tout ce qu'il sait. Ce n'est pas grave si on ne colorie pas tout. On pourra y revenir tout au long des 3 autres magazines. Qu'est-ce qu'on voit déjà ? Laisser les enfants relever tout ce qu'ils veulent. Bien fixer les domaines (cf. introduction p. 13) : *les lettres de l'alphabet, les nombres jusqu'à 20, les couleurs, les formes* et "*Qui est-ce ?*", "*Qu'est-ce que c'est ?*" (donner le mot *poubelle*, si cela n'a pas été fait), "*Qu'est-ce qu'il fait ?*" et "*Qu'est-ce qu'il dit*". **Écouter** la troisième partie de la bande son : *c'est la fin de la chanson, c'est la fin du magazine 1.*

b. Colorier seul(e) : laisser les enfants colorier ce qu'ils pensent bien connaître. Relever les difficultés et/ou réussites de chacun.

c. Se souvenir : reprendre chaque partie et demander à plusieurs enfants ce qu'ils ont colorié, comment ils ont retrouvé et sur quoi il se sont appuyés comme moyens de référence.

Reprendre les comptines, poésie et chansons et la chanson de Mémo. Retrouver sur les pages du magazine, sur le panneau bleu, avec les silhouettes et la cassette de la classe.

Laisser les enfants colorier à nouveau leur baromètre : ce qu'ont trouvé les autres, ce que l'on vient de rappeler peut servir. On pourra même le faire à la maison et montrer ainsi, dans sa famille, tout ce que l'on sait déjà.

d. Fixer : *Alors, à la fin du magazine 1, qu'est-ce qu'on connaît ?*

Qui est-ce ?	**Qu'est-ce que c'est ?**
C'est une fille.	*matériel de la classe*
C'est un garçon.	*objets du cartable, de la trousse*
C'est Marie, c'est David.	
Comment tu t'appelles ?	**Qu'est-ce qu'il dit ?**
Moi, je m'appelle... et toi ? tu t'appelles...	*Prenez vos livres.*
	Prends ton cahier.
Qu'est-ce qu'il fait ?	*Chut, tais-toi.*
il écoute, il regarde, il parle, il joue,	*J'ai compris.*
il fait, fabrique, il lit	

Relever avec les enfants ce qui a été facile, difficile ; ce qu'ils ont préféré ; comment ils se souviennent bien ; ce qu'il faut changer pour "encore sauter plus haut" !

e. Si on a le temps, on peut jouer à nouveau avec le **jeu de l'escargot** avant de commencer le magazine 2 – et/ou on **fabrique** "*notre magazine 1 de l'école*", en français, que nous déposeront dans le coin du français ou que nous montrerons aux autres classes. Un excellent outil de comparaison et d'évaluation !

À la fin du magazine 1… : votre baromètre !

Avant de poursuivre, établissez votre propre baromètre, le baromètre de la classe. À la fin de ce premier magazine, **les enfants peuvent-ils** :

- se retrouver dans l'organisation d'un magazine ?
- repérer les différentes fonctions des rubriques et leurs repères (forme/couleur, musique d'appel, les consignes de Mémo, quel type d'activité est sollicité…) ?
- distinguer l'animatrice, Mémo, les personnages ?
- comprendre les consignes de la classe, les consignes des activités ?
- utiliser les principales formules de salutation, de présentation ?
- identifier les personnages principaux de l'histoire et exprimer ce qu'ils disent, ce qu'ils font ?
- identifier les principaux lieux de l'école, le mobilier d'une classe et le matériel essentiel dont ils ont besoin ?
- préparer, mimer, mettre en scène des petites situations de communication ?
- reprendre les comptines, les chansons ? retrouver les nombres jusqu'à 20 et compter ?

Avez-vous observé...

– ce qui a posé des difficultés, ce qui a du être repris ?
– quelles difficultés de prononciation, d'énonciation les enfants ont-ils surtout rencontrées?
– sur quel repère privilégié les enfants se sont-ils appuyés ?
– comment les enfants ont-ils réagi lors d'activités en petits groupes de 2 ou 3, dans les activités de jeux ? Ont-ils parlé en français entre eux... sans votre intermédiaire ?

Pour mieux mettre en place l'entrée dans le magazine 2, vous pouvez **relever** ce qui vous paraît important... vous, aussi, pourrez y revenir tout au long des 3 autres magazines !

facilités (+)	difficultés (–)	à reprendre, développer	Ce qui a été réalisé	Ce qui n'a pas été fait

Magazine 2 — À la maison

LIVRE DE L'ÉLÈVE	TYPE D'ACTIVITÉ	COMMUNICATION	VOCABULAIRE	GRAMMAIRE	PHONÉTIQUE	ACTIVITÉS	JEUX	MATÉRIEL
COUVERTURE p. 27	découverte chanter	langue de la classe	une maison les membres d'une famille	expression de l'égalité (aussi)	[ɛ̃j] [ɛ]/[e] [y] [yʀ] [k]	silhouettes		panneau vert cassette classe formes figurines du chat
HISTOIRE p. 28, 29, 30, 31	mimer jouer (situations de communication)	présenter quelqu'un se présenter exprimer un état physique	les pièces de la maison les membres d'une famille	possessifs lui, elle négation	[i] / [y] avec prénoms	p. 41 (1) p. 42 (2) p. 43 (3) p. 46 (9)	jeu de cartes (7 familles)	panneau vert cassette classe, silhouettes (marionnettes) sablier, caméra
ALBUM DE FAMILLE p. 32, 33	(travail sur la langue)	dire son âge, l'âge de qq'un situer une action dans le temps	les photos d'un album des fêtes françaises	possessifs négation avoir (présent, singulier)	intonation interrogative et exclamative	p. 43 (3) p. 45 (7)	faire un album de photos	panneau vert cassette classe cartes
LA CHAMBRE DE NICOLAS p. 34, 35	chanter réciter jouer (phonétique)	présenter quelqu'un salutation	jours de la semaine les nombres → 30 (40)	lui, elle il, elle négation	[p] [t] /[d] [u] [ʃ] [ɛl] [il]		jeux de mains (habileté) cache-cache loto, illustrer	panneau vert cassette classe loto calendrier
DANS LA MAISON p. 36, 37	chanter (lexique)	formule de politesse localisation	les pièces et les meubles de la maison	indéfinis (masc., fém., sing., plur.)		p. 46 (9) p. 47 (10) découpage collage	jeu de la maison jeu de piste	panneau vert cassette classe catalogues fiches
MON JOUET p. 38	réciter (lexique)	identifier un objet	les jouets les couleurs		[u] [ã] [ʒ] [ɔ̃] [bl] [gr]	p. 44 (5, 6) p. 45 (7, 8) peindre	jeu de kim	panneau vert cassette classe sablier
MA FAMILLE PÂTE À SEL p. 39	(faire)	comprendre pour faire apprécier	ingrédients et différentes actions pour faire la pâte à sel	impératif singulier		inventer une histoire		farine, sel, eau peinture
MÉMO p. 40	(réemployer)	reprise	reprise	reprise	reprise	p. 48 (11) le baromètre	dessiner mimer jouer jeu de l'escargot	panneau vert cassette classe silhouettes (marionnettes) caméra

La bande son offre une **écoute** un peu plus longue maintenant : on retrouve beaucoup de choses réemployées dans des contextes, des situations différentes. Il en est de même pour **la langue de la classe** dont on se servira de plus en plus en reprenant de manière constante et de façon variée tout ce qui est donné non seulement par l'animatrice mais aussi dans les situations de chaque rubrique. On favorisera, également, le plus souvent possible la reprise des énoncés en **mettant en situation** dans la classe. Et puis, après la découverte des jours de la semaine, chaque séance s'ouvrira par la date : **on se repère** dans le temps… et toujours avec les moyens mis en place (panneau, cassette de la classe, silhouettes…).

> *Informations socio-culturelles : Les fêtes :* l'anniversaire est toujours l'occasion d'inviter des enfants autour du gâteau bien sûr et des cadeaux. On fait même passer des invitations en classe. Le carnaval (Mardi gras) est l'occasion de se déguiser, de faire des défilés… en février. On le pratique moins dans les grandes villes mais c'est toujours l'occasion, surtout à l'école, de préparer des masques… et des crêpes. Noël, fête religieuse chrétienne du 25 décembre, est devenue une fête pour tout le monde pour laquelle on décore la maison avec le sapin de Noël et on fait des cadeaux. C'est une grande période de commercialisation (de novembre à décembre) : même ceux qui ne croient plus au père Noël attendent les cadeaux et les jouets "commandés" à partir de nombreux catalogues. La fête des mères (généralement le dernier dimanche de mai), créée en 1940, reste une fête qui ponctue le dernier trimestre de l'école. Beaucoup d'enfants préparent des petits cadeaux ou poèmes. Une grande fête du commerce surtout, qu'il est difficile d'oublier tant la publicité est importante. Rentrée des classes : début septembre, toujours très solennelle pour les C. P. (école primaire) et difficile parfois pour l'école maternelle.

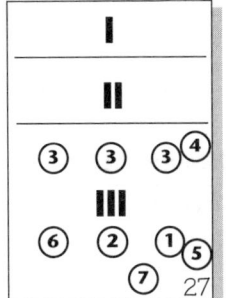

Magazine 2 . Couverture page 27

VOCABULAIRE	PHONÉTIQUE	LANGUE DE LA CLASSE	ACTIVITÉS
la maison, la famille, le papa, la maman, grand-mère, grand-père, la voiture, des jouets, l'oiseau.	[εj]/[ε]/[e] [y] [yʀ] [k]	qu'est-ce qu'on voit ? tu vois ? aussi	panneau de référence (vert) silhouettes (marionnettes) des personnages

1. Regarder

a. Avant de commencer le magazine 2, demander aux enfants de vérifier l'organisation du magazine : retrouve-t-on la même succession des rubriques, les codes formes/couleur des rubriques, les consignes de Mémo… *Regardez le magazine 2. Est-ce que c'est comme dans le magazine 1 ?*

b. *Regardez, regarde bien la couverture du magazine 2 du "petit Trampoline". Qu'est-ce qu'on voit ? Quelle est la couleur pour le magazine ?* Laisser les enfants retrouver le titre (I) : *alors, de quelle couleur on fait le panneau ? Oui, très bien, on fait un panneau vert.* On voit le titre du magazine (II), la bande son nous confirmera… ou peut-être l'observation de l'illustration (III), ce n'est pas le même illustrateur en tout cas !

2. Écouter

a. <u>Livre fermé</u>, *on écoute bien la cassette.*

Durée 2 minutes 25 secondes

MA₁	* L'animatrice : Le petit Trampoline, magazine 2… "À la maison." * On chante. [chanson "Toute la famille" cf. p. 94]
	* L'animatrice : Dans le petit Trampoline 2, on parle de la maison, de la famille… Regarde, tu vois le papa et la maman ? Ah, on parle des jouets aussi.*

Est-ce que la musique d'appel, les différents bruits, l'animatrice, la présentation des titres et ce que l'on doit faire ont été trouvés ? Après une seconde écoute, on peut mettre la silhouette-consigne de Mémo *On chante.*

b. <u>Livre ouvert</u>, on peut retrouver ce qui est illustré et ce qui ne l'est pas (*oiseau, jouets*) : *Regarde bien, tu vois le papa, la maman, les jouets, l'oiseau ?* Mais on sait de quoi on va parler dans le magazine 2 : *On parle de la maison… tu vois le titre "À la maison" ? On parle de la famille et des jouets.* Faire vérifier dans le magazine… et on voit bien que les dessins sont faits par un autre illustrateur, que l'on retrouve les personnages de la couverture dans beaucoup de pages du magazine.

3. Activités

a. <u>La chanson</u> : reprendre la chanson sur la bande son en demandant de bien regarder sur l'image en même temps. Expliquer brièvement la chanson en montrant au fur et à mesure sur l'image : *papa* ①, *maman* ②, *les enfants* ③, *le chat* ④, *la voiture* ⑤, *grand-mère* ⑥, *grand-père* ⑦. Maintenant, on comprend mieux les bruits entendus : *Ouvrez, ouvrez les volets* (bruits de volets), *papa fait sa gymnastique* (souffles), *les enfants attrapent le chat* (miaulements), *papa démarre la voiture* (bruits d'un moteur qui démarre), *maman met de la musique* (reprise de notre chanson bien connue !)… mais on ne comprend toujours pas pour *l'oiseau* et *les jouets*.

Apprendre la chanson : on reconnaît la même phrase à la fin de chaque couplet (*les enfants attrapent le chat*), les chiffres *1, 2, 3, 4* à la même place et les mêmes sons une fois sur deux [εj] et [ε, e] dans les 4 refrains, [k] dans le premier couplet, [yʀ] dans le deuxième, [e] dans le troisième.

Peut-on retrouver maintenant sur l'image *papa, maman, les enfants, grand-mère* et *grand-père* ? Faire mimer les différentes actions en chantant la chanson, en reprenant, dans le désordre, les principaux personnages et en énonçant ce qu'ils font.

b. <u>Le panneau vert et la cassette de la classe</u> : faire reproduire la couverture, dessiner les personnages et les mettre sur le nouveau panneau de référence. On enregistre la chanson sur la cassette de la classe. On peut déjà faire la silhouette des personnages (ou les marionnettes). Mais à propos, est-ce que nos maisons sont comme celle-ci ? Est-ce que c'est pareil ?

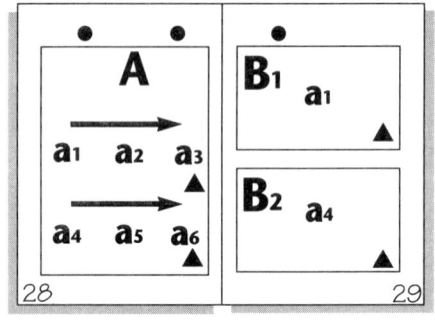
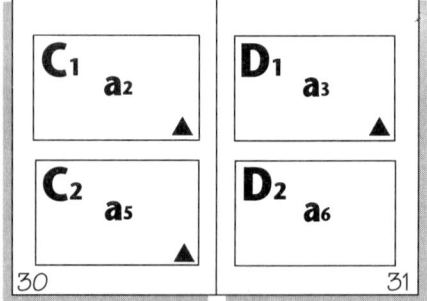

Magazine 2 ■ Histoire

Histoire : c'est l'anniversaire de Nicolas, 3 ans, dernier enfant de la famille Mélodie. On découvre tous les membres de la famille dans chaque pièce de la maison avec le cadet, Ludovic, qui a invité, sans prévenir, tous les enfants de sa classe. Le chat, Poilu, aime se cacher en haut, en bas… et faire tromper ceux qui le cherchent ! Le chien, Patapon, est le témoin somnolent de cette histoire alors que Kiki, le perroquet, ponctue l'arrivée progressive des enfants en accompagnant le bruit de la sonnette par la répétition d'une même phrase bien sûr !

COMMUNICATION
Lui, il s'appelle
elle, elle s'appelle
j'ai chaud, froid, soif, faim

1. Regarder

a. Faire observer les 4 pages : est-ce que c'est la même présentation que dans l'histoire du magazine 1 ? Faire trouver ce qui est pareil *(titre* avec la forme, le *carré rouge*, et *histoire*, les numéros des pages, le fond, le mot *fin*, écrit sur la télévision, les codes/consignes de Mémo). On rappelle l'activité.

b. Arrêtons-nous sur ce qui n'est pas pareil : le découpage des images. Est-ce que certains ont trouvé le sens de la lecture des images ?

La première page (A) = *sur la page de couverture, on voit la maison dehors et sur la page, là, on voit la maison dedans.* L'image prend toute la page. On retrouve quelques détails aperçus sur la page de couverture. Faire observer en commençant par le haut et en allant de gauche à droite : une chambre (a1) avec la même petite fille que sur la page de couverture, la salle de bains (a2) avec le même petit garçon et une autre chambre avec le petit garçon et le chat (a3) *Oui, on voit les enfants de la famille. Et en bas, qu'est-ce qu'on voit ? grand-mère et grand-père* dans la cuisine (a4), *la maman* dans la salle à manger (a5), *le papa* dans le salon qui écoute de la musique. Les notes, avec deux autres animaux, un chien et un perroquet (a6)… et un drôle de petit dessin en bas à droite (▲). Donc, *on voit la famille dans la maison. Et après, on voit combien d'images ? Comment on regarde les images ?*

Faire observer les images (B1) et (B2). Quels personnages retrouve-t-on ? C'est dans quelles pièces ? (a1 et a4). Faire de même avec (C1 - C2) et (D1 - D2). Est-ce qu'on a remarqué le petit dessin en bas des pages à droite (▲) sur B1, B2, C1, C2 et D1 ? Est-ce qu'on voit ce dessin à la dernière image avec la télévision et le mot *FIN* ? Que se passe-t-il ? Est-ce qu'on a déjà une idée de l'histoire ?

c. Pour bien suivre, proposer de faire un petit plan de cette maison à partir de la première image. Disposer ainsi (pour reprendre *en haut à droite, à gauche et en bas à droite, à gauche*). Prendre un dessin (objet) qui symbolise chaque pièce (a1) : lit ; (a2) : baignoire, lavabo ; (a3) : lit ; (a4) : casserole ; (a5) : table ; (a6) : télévision. Fixer déjà quelques éléments : *le toit, les fenêtres, les murs.* La bande son va sûrement nous aider : *la cassette va nous aider. Écoute bien…* Ne pas encore écrire les chiffres correspondant aux images (voir plus loin). (On pourra utiliser des dessins des enfants ou des photos découpées pour symboliser les pièces. Il est préférable, toutefois, de le préparer sans les enfants, à ce niveau.)

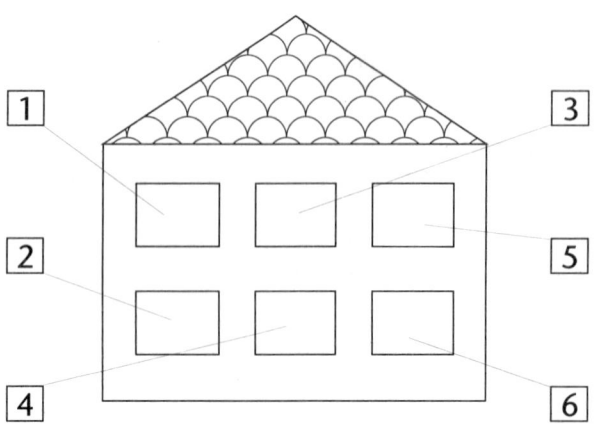

On mettra plus tard la tête des personnages qui interviennent dans chaque partie.

pages 28 29 30 31

GRAMMAIRE	PHONÉTIQUE	VOCABULAIRE	LANGUE DE LA CLASSE	PAGES JEUX
ma, mon, mes lui, elle négation (c'est, ce n'est pas)	[i]/[y] avec prénoms	les pièces de la maison, les membres de la famille, grande, petit, voici, voilà, dedans, dehors, ici, là, où, à gauche à droite	qu'est-ce qu'on voit tu vois, on voit chaque partie ce que u vas fait qu'est-ce qu'il faut faire ?	p. 41, p. 42, p. 43, p. 46 (début) les consignes, le matériel remettre en ordre l'histoire les membres de la famille, ce qu'ils disent jeu des 7 familles la maison, les pièces

2. Écouter

a. Livre fermé : faire écouter la partie (A) de la bande son.

Durée 2 minutes 7 secondes

MA₂ L'animatrice : Histoire… pages 28, 29, 30 et trente et une. Dans une maison, dans la maison de la famille Mélodie. Regarde et écoute.	**a₄** * L'animatrice : Regarde en bas maintenant. Irène (grand-mère) : Pfff… j'ai chaud ! Ursule (grand-père) : Hum, j'ai faim ! L'animatrice : Tu vois Irène, la grand-mère, et Ursule, le grand-père, dans la cuisine ? *
a₁ * L'animatrice : Élodie, la grande sœur est dans sa chambre, en haut * Elle lit.	**a₅** * Mme Mélodie (Brigitte) : Yves, où est Poilu ? *
a₂ * Ludovic : Brr, j'ai froid. * L'animatrice : Tu vois Ludovic dans la salle de bains ?*	**a₆** * Kiki le perroquet : Entrez. Mais qui est-ce ? M. Mélodie (Yves) : Chut, ah tais-toi Kiki. L'animatrice : Tu vois madame Mélodie, Brigitte, dans la salle à manger et monsieur Mélodie, Yves, dans le salon ?… et le perroquet Kiki ? *
a₃ * L'animatrice : Et regarde le petit frère dans sa chambre. Nicolas : Ici, ici Poilu !	

Après une première écoute, qu'avons-nous repéré ? Qu'avons-nous déjà compris ? L'oiseau a-t-il été trouvé ?

b. Livre ouvert : reprendre la cassette (A) en entier et retrouver sur les dessins certains éléments. Est-ce que cela correspond bien au plan de la maison ? Peut-on déjà répondre à *qui est-ce ?* en donnant le nom des personnages ?

c. Livre fermé : faire écouter les parties (B), (C) et (D).

Durée 4 minutes 53 secondes

b₁ ** Élodie : Ludovic, qui est-ce ? Ludovic : Un garçon et une fille de ma classe. Lui, il s'appelle Thierry et elle, elle s'appelle Lucie. Où est Poilu ? * Thierry : Là, en haut à droite. Enfants : Ouuuh non ! * Kiki : Entrez. Mais qui est-ce ?	Ludovic : Non, elle, c'est Sophie. Elle s'appelle Sophie. Nicolas : Pfff, eh j'ai chaud ! Ludovic : Lui, il s'appelle Basile. Nicolas : Eh eh… j'ai chaud ! Ludovic : Où est Poilu ? * Basile + Sophie : Là, en haut à gauche. Enfant : Ouuuh non ! * Kiki : Entrez. Mais qui est-ce ?
b₂ ** Irène (grand-mère) : Où est Poilu ? * Brigitte (mère) : Je ne sais pas Mamy… Tiens Ludo, mais qui est-ce ? Ludovic : Voilà mes amis maman. Lui, c'est Luc et elle, c'est Lydie. Oh regardez, là, en bas à gauche. Enfants : Ouuuh non ! * Kiki : Entrez, mais qui est-ce ?	**c₂** ** Yves (père) : Oh, j'ai soif ! ** Mais Ludo, je ne comprends pas… C'est l'anniversaire de Ni… Ludovic : Oui, oui, je sais papa. Voici mes amis… Lui, il s'appelle Julien et elle, elle s'appelle Cécile… Mais où est Poilu ? * Yves : Euh, là… en bas à droite. Enfants : Bravo ! Kiki : Entrez. Mais qui est-ce ?
c₁ ** Élodie : Mais Ludovic, je ne comprends pas… Ce n'est pas Lucie. Comment s'appelle-t-elle ?	

d₁ Ludovic : Ben, papy, qu'est-ce que tu fais ?
Ursule (grand-père) : Euh… je regarde les voitures de Nicolas.
Ludovic : Papy, voici mes amis. Elle, c'est Pauline et lui, c'est David… Où est Poilu ? *
Pauline : Là, en haut à droite.
Enfants : Bravo !
Ursule : Chut ! Nicolas dort.
* Kiki : Entrez. Mais qui est-ce ?

d₂ ** Yves (père) : Bon, Ludovic, qui est-ce ?
Ludovic : Voici tous les enfants de ma classe. C'est pour l'anniversaire de Nicolas.
Brigitte, (mère) : Ah oui.
Ludovic : Oui, oui…
Enfants : Mais qui est-ce…

Ludovic : Voici toute ma famille. Yves et Brigitte Mélodie, mon père et ma mère.
Yves et Brigitte : Bonjour.
Ludovic : Mon grand-père, Ursule, et ma grand mère, Irène, monsieur et madame Mélodie.
Ursule et Irène : Bonjour les enfants.
Ludovic : Élodie, ma grande sœur.
Élodie : Salut.
Ludovic : Et mon petit frère, Nicolas.
Nicolas : Oui, c'est mon anniversaire et mes jouets ?
* Ludovic : Ah, il y a Poilu, le chat * et Patapon, le chien. *
Kiki : Mais qui est-ce ?
Ludovic : Et Kiki, le perroquet (rires).
Tout le monde (adultes) : Bon anniversaire Nicolas !
Enfants : Bon anniversaire Nicolas !

Les bruitages et les voix ont-ils permis de confirmer toutes les hypothèses émises sur l'histoire ? Qu'est-ce qui a été bien compris ? Qu'est-ce qui pose problème ? *Qui a compris ? Qui n'a pas compris ?*

d. <u>Livre ouvert</u> : reprendre l'écoute des parties (B), (C) et (D) en suivant sur le livre. Peut-on, ensuite, retrouver les personnages. *Le père, la mère, la grande sœur…* ? Pourquoi entend-on des "*ouuh non*" de réprobation et des "*bravos*" de félicitations ? Que se passe-t-il, alors, dans cette histoire ? Qu'est-ce qu'on fête ? *C'est l'anniversaire de Nicolas.* À quoi le voit-on ? (Les cadeaux que portent certains enfants, le gâteau sur lequel la maman pose une troisième bougie, le gâteau avec les 3 bougies dans la salle à manger et les guirlandes.)

e. <u>Reprendre chaque partie</u> et faire retrouver les personnages, les pièces, à quel moment se situe chaque scène.

– (B1) : après l'écoute de la bande son, faire retrouver sur le plan la pièce dans laquelle se déroule cette première scène. On inscrit *1* dans le carré réservé à cet effet. Faire dessiner les personnages (ou la tête uniquement) et les placer autour du carré/chambre-lit n° 1… sans oublier Poilu bien sûr ! (cf. schéma proposé p. 48). On explique pourquoi les enfants ne sont pas d'accord avec Thierry : il montre avec son bras gauche et Poilu est bien en haut mais à sa gauche, même si on le voit en haut à droite sur le dessin qui est devant nous. Faire mimer la scène avec un enfant face au groupe : pour lui c'est à gauche, pour l'ensemble de la classe c'est à leur droite. À quel moment peut se situer cette scène ? Après l'image 1 car Ludovic est habillé.

Reprendre *Qui est-ce ? Qu'est-ce qu'il (elle) fait ? Qu'est-ce qu'il (elle) dit ? À la fin, qu'est-ce qu'on entend ?* et laisser répondre.

– (B2) : faire la même chose que pour l'image précédente. Mettre une croix sur les personnages qui ne parlent pas. Reprendre les nouveaux enfants qui parlent eux aussi des cadeaux. Est-ce qu'on a bien relevé le bruit de la bouteille renversée par Poilu ? À propos, *où est-il ? On est d'accord avec Ludovic ?* Cette scène vient après (B1), Ludovic ayant dû descendre de la chambre d'Élodie pour aller dans la cuisine.

– (C1) : même chose que précédemment. Insister sur la surprise d'Élodie… et le pauvre Nicolas, victime de l'étonnement de sa grande sœur qui l'habille.

– (C2) : pour la scène d'après, c'est la même chose. Le père de Ludovic ne comprend pas et commence, lui, à donner une explication : *c'est l'anniversaire de Ni…* est-ce qu'on peut trouver la suite ? La mère a terminé de préparer le gâteau *Regardez le gâteau d'anniversaire sur la table.* Cette fois-ci, le papa ne s'est pas trompé (*bravo*), Poilu est bien à sa droite, *à droite en bas !* Et le plan de la maison reçoit de plus en plus de dessins de personnages ! *comme dans la maison de la famille Mélodie !*

– (D1) : procéder de la même façon. Est-ce que Nicolas attend d'autres invités ? *Oui, on voit le dessin en bas à droite et on entend la sonnette et Kiki le perroquet.*

– (D2) : *Et voilà la fin de l'histoire.* Procéder de la même façon que pour les images précédentes. On remarquera que pour l'occasion, le chien Patapon ouvre un œil ! Et Nicolas n'a pas oublié son anniversaire : il demande des jouets, des cadeaux aux amis de Nicolas.

f. Mettre le plan de la maison et les personnages autour de chaque pièce sur <u>le panneau vert</u>. Faire les silhouettes (ou marionnettes) des nouveaux personnages, reprendre la cassette et faire actionner les silhouettes au fur et à mesure. Faire <u>l'activité p. 42</u>, si option renforcement choisie. Ne pas oublier de faire <u>l'introduction des pages jeux</u> p. 41 auparavant.

3. Activités

a. <u>Mise en situation</u> : faire mimer l'histoire en écoutant la bande son, un enfant étant chargé de montrer sur le plan où se situe chaque scène. Faire jouer ensuite. Trouver un <u>titre</u> à l'histoire.

b. La famille : reprendre les membres de la famille pour fixer la dénomination. Demander, ensuite, aux enfants de présenter leur famille en utilisant les possessifs correspondants (*mon, ma, mes*). On pourra faire l'activité p. 43. Reprendre *le père = papa, la mère = maman, grand-père = papy, grand-mère = mamy*. Et en langue maternelle, comment dit-on ?

c. La maison : reprendre les différents éléments de la maison : *dehors (toit, murs, fenêtres, porte)* et *dedans (les pièces)*. Présenter plusieurs reproductions de maisons en demandant *Où est la cuisine ? la salle à manger ?...* Demander aux enfants de faire un plan de leur maison et de le présenter. On pourra commencer l'activité p. 46.

d. Les invités : reprendre tous les prénoms donnés, relever les nouveaux. Reprendre ensuite les présentations avec l'utilisation des toniques (*lui, elle*). Faire utiliser le prénom et le nom de famille. Chacun pourra reprendre sa propre présentation en employant le nom de famille. Faire préparer, par petites groupes, des situations de présentation dans lesquelles on réemploiera également *moi, toi*, ainsi que *monsieur, madame* et *mademoiselle*. (cf. activités "se présenter" dans l'histoire du magazine 1).

e. Localiser : distribuer à chaque enfant une feuille organisée de la même manière que l'exemple montré (ou leur faire construire). Il s'agira de placer des personnages dans 6 pièces d'une maison et de placer des animaux dans les petites parties (•)

Ex : *dessinez 2 chambres, une cuisine, une salle de bains, une salle à manger, un salon dans les cases de 1 à 6* (les enfants disposeront comme ils l'entendent les pièces).

dessinez Ludovic dans la salle de bains, Thierry dans le salon, madame Brigitte Mélodie dans une chambre...

dessinez un chat en haut à gauche dans la salle à manger, un chien en bas à droite dans une chambre, un perroquet en haut à droite dans la cuisine, une souris en bas à gauche dans la salle à manger.

Ensuite demander à un enfant *Où est Ludovic sur ton dessin ?* Il répond : *il est dans la salle de bains, la pièce n° 3*. Au tableau, placer, sur une même organisation que celle des feuilles distribuées, à l'endroit indiqué par l'enfant. Continuer pour toutes les indications données et à la fin on vérifie si les 2 organisations sont les mêmes.

Faire préparer, par petits groupes, une série identique de personnages à placer. Enregistrer sur la cassette de la classe : les autres suivent les consignes et on vérifie. On met sur le panneau vert une des productions avec le *carré rouge* pour se souvenir de la rubrique dans laquelle on a découvert tout cela. On pourra utiliser pour les cases 2 et 5, *au milieu*.

f. Qu'est-ce qu'on fait dans les pièces de la maison ? : reprendre les différentes actions des personnages, ainsi que celles de la chanson "Toute la famille" : *il mange, il dort, il se lave, il boit, il regarde un livre, il lit, il fait de la gymnastique, il fait la cuisine, il fait des confitures, il écoute de la musique...*

Sans insister, expliquer la différence entre "*le lit*" et "*il lit*", "*la cuisine*" et "*il fait la cuisine*". On pourra commencer (ou continuer) l'activité p. 46.

g. Expression d'un état : reprendre les personnages qui disent "*j'ai chaud, j'ai faim, j'ai soif, j'ai froid*". Les reprendre sur l'activité p. 43.

+ Suggestions

a. Une autre histoire : inventer une autre histoire autour d'une famille, d'un anniversaire, d'une surprise et d'un même signal. La faire jouer. L'enregistrer sur la cassette de la classe. La dessiner pour la mettre en ordre. La filmer.

b. L'arbre généalogique de la famille Mélodie, de la famille de l'histoire inventée à placer sur le panneau vert de référence

Magazine 2 ▶ Album de famille

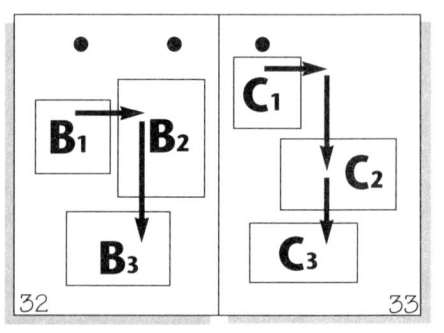

GRAMMAIRE	VOCABULAIRE
emploi de la négation	l'album, un album
c'est/ce n'est pas – j'ai, tu as, il, elle a –	la fête
mon/ma/mes – son/sa – ton/ta	la rentrée
le jour de – le jour du	Noël, Carnaval
à + indication de temps	jeune, vieux
	bébé
	le même

1. Regarder

a. *Faire observer les 2 pages : qui retrouve-t-on sur les 6 images disposées avec des petits "coins", des petits **triangles** ? Est-ce que cela fait penser à quelque chose ? (l'album de photos).* Si les enfants ne trouvent pas, on y reviendra. *Que font les personnages sur chaque image ?* On peut, sans doute, déjà répondre en français : *c'est un anniversaire, on voit la famille Mélodie, c'est à l'école…*

b. *Alors, qu'est-ce qu'il faut faire ?* Faire retrouver le type d'activité (les triangles bleus, les consignes de Mémo) et donner le titre : ***Album de famille.*** On peut déjà mettre sur le <u>panneau vert</u>, la forme de la rubrique.

2. Écouter

a. Faire écouter la bande son, <u>livre fermé</u>, et voir tout ce qui a pu être compris… et savoir ce que l'on a à faire.

Durée 2 minutes 13 secondes

MA₃ A	* L'animatrice : Album de famille pages 32 et 33 *. Regarde les photos… Ludovic et une amie, Lucie, regardent l'album de la famille Mélodie *. Écoute Ludovic et Lucie.
B₁	Lucie : Oh l'album de photos… C'est qui ? C'est Nicolas ! Ludo : Non, ce n'est pas Nicolas… c'est moi. J'ai 1 an !*
B₂	Ludo : Et là, c'est ma mère… Lucie : C'est le jour de son anniversaire ? Ludo : Non, ce n'est pas son anniversaire. C'est la fête des mères.*
B₃	Lucie : Et là, c'est qui ? Ludo : Papy, Mamy, le jour du Carnaval. Ma grand-mère, Irène, est déguisée… Lucie : Et ton grand-père, quel âge a-t-il ? Ludo : Oh je ne sais pas… Il est vieux mais il joue comme un enfant ! *

C₁	Lucie : Et, là, c'est toi ! Ludo : Non, ce n'est pas moi… C'est Nicolas à la rentrée de l'école maternelle. Lucie : Quel âge a-t-il ? Ludo : Ben, il a 3 ans. Regarde, il pleure… Je ne pleure pas moi !*
C₂	Lucie : Mais, c'est Élodie ! Elle a quel âge ? Ludo : Ah oui, c'est ma grande sœur… le jour de la rentrée. Lucie : En quelle classe ? Ludo : Au C.P…. elle a 6 ans ! Tu as vu ? *
C₃	Ludo : Oh papa, à Noël. Regarde. Lucie : Quel âge a-t-il maintenant ? Ludo : Mon père ?… Euh, il a 35 ans je crois ! *
D	L'animatrice : Et toi quel âge as-tu ? Réponds et après tu dessines, tu fais l'album de ta famille.

b. <u>Livre ouvert</u>, réécouter la bande son en demandant de bien regarder le sens de la lecture des images. *Qu'est-ce qui se confirme ? À quel moment entend-on les miaulements de Poilu ?* (quand on change d'image). *Et à la dernière image, quel bruit entendons-nous ?* (le bruit des pages d'un album qu'on tourne, cela veut dire que Ludo et Lucie ont terminé de parler et que l'animatrice confirme les consignes de Mémo).

c. Faire réécouter chaque partie de la bande son en faisant retrouver l'image correspondante :

– (A) : les bruits de page entendus confirment ce qui avait été trouvé : ***on regarde un album de photos…*** *ce ne sont pas de "vraies" photos comme celle du magazine 1 page 16 ou celle des jouets page 38.* ***On parle de la famille Mélodie. Qui regarde l'album de famille ?*** *Ludovic, Mélodie et son amie Lucie, tu te souviens, dans l'histoire ? Elle est*

pages 32 33

PHONÉTIQUE	COMMUNICATION	LANGUE DE LA CLASSE	PAGES JEUX
opposition de l'intonation interrogative et exclamative	dire son âge *(j'ai ... ans)* dire l'âge de quelqu'un *(tu as, il a, elle a ... ans)* *avant, maintenant, après*	reprise	p. 43, p. 45 ordre chronologique des âges loto de la négation

où ? dans la chambre d'Élodie avec Thierry.

– (B1) : *Qui est-ce ? C'est qui ? C'est Nicolas ? Non, ce n'est pas Nicolas. C'est Ludovic. Quel âge a-t-il ? Il a 1 an. C'est son anniversaire.* Faire retrouver **les gâteaux d'anniversaire** et **les bougies** dans le magazine 2 (p. 29, 35, 40...)

Reprendre les autres parties en questionnant de la même façon et en faisant varier les formulations. Reprendre, à chaque fois, ce qui est connu : **les paquets, les cadeaux** (B2), **l'école**, le mobilier de la classe (C1), **la maîtresse** (C1), **le maître, la cour** (C2), **Nicolas** qui **pleure comme le garçon** qui est tombé **dans la cour de récréation** (p. 13).

d. Reprendre la bande son et faire retrouver les images, les jours de fête (B1, B2, B3 et C3) et les jours de rentrée des classes (C1, C2).

3. Activités

a. L'âge : demander sur quelle photo/image on peut savoir l'âge des personnages. On sait pour Nicolas (C1), pour Ludovic (B1), pour Élodie (C2) et pour le père (C3). *Qui est jeune ? Qui est vieux ? Est-ce qu'on connaît l'âge du grand-père, de la grand-mère, de la mère ?* Faire resituer dans le temps chaque image : quelle photo pourrait être mise avec l'histoire ? (C1 puisqu'on sait que Nicolas a 3 ans), quelles photos sont plus anciennes ? (B1 car Ludovic est plus grand maintenant et C2 car Élodie est plus grande aussi), quelles photos ne peuvent pas être datées ? (B2, B3 et C3).

Faire donner un âge aux personnages de l'histoire : *et maintenant, Ludovic, quel âge a-t-il ? Et Élodie, quel âge a-t-elle ? Et la mère, elle a quel âge ?...*

Laisser les enfants apprécier l'âge des personnages et dire, ensuite, l'âge donné : *Ludovic a 7 ou 8 ans, Élodie a 10 ans, Nicolas a 3 ans, monsieur Mélodie, Yves, à 35/40 ans et madame Mélodie, Brigitte, aussi. Ursule Mélodie, le grand-père, a 60/65 ans et Irène Mélodie, la grand-mère, aussi.*

Et toi, quel âge as-tu ? Laisser les enfants répondre. Reprendre en alternant, *"j'ai ... ans, tu as ... ans, il a ... ans, elle a ... ans"*. Demander l'âge des membres de chaque famille. Faire dessiner l'album de chaque famille. Faire employer *mon/ton/son, ma/ta/sa* selon les présentations.

Faire l'activité page 43. On enregistrera sur la cassette de la classe la présentation d'une famille dont l'illustration sera mise sur le panneau vert.

b. Les fêtes et événements en France : expliquer les fêtes (cf. Inf. socio-culturelles p. 46) et comparer avec ce qui se passe dans son pays. Expliquer que le grand-père est déguisé en **breton** et la grand-mère en **alsacienne** (B3), ce sont des costumes régionaux. Montrer sur la carte de France où est la **Bretagne** (Ouest) et l'**Alsace** (Est). *Est-ce qu'il y a des costumes régionaux comme cela ? Est-ce que la rentrée à l'école maternelle se passe comme cela ? Est-ce que la rentrée à l'école primaire* (on dit souvent *"à la grande école"*) *a lieu en septembre comme en France ?* Mettre sur le calendrier de la classe les fêtes françaises.

c. La négation : faire l'activité page 45.

+ Suggestions

L'album photos : on pourra apporter un véritable album photos de famille en faisant repérer l'âge des personnes représentées (pourquoi pas celui de l'enseignant(e)... Les enfants adorent cela !). Des enfants pourront aussi le faire et sélectionneront ainsi les photos qu'ils redessineront ensuite.

Magazine 2 ● La chambre de Nicolas

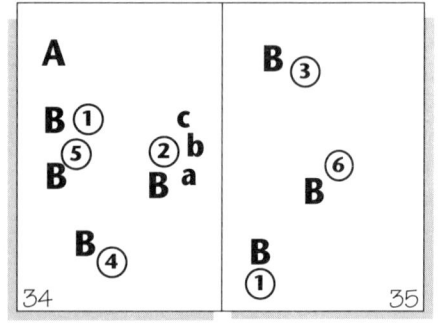

COMMUNICATION	PHONÉTIQUE
reprise des présentations *au revoir*	1. [p]/[t], (puʀ) / [tu] groupes consonantiques [tʀ], [gʀ], [bʀ]
	2. [ɛl], [il], [jø]
	3. [ʃ]
	4. [d]/[t]

1. Regarder

a. Faire observer les 2 pages : *Où est-ce ? Dans quelle pièce de la maison ? Que se passe-t-il ?* Faire retrouver les personnages, l'image de l'histoire correspondante (p. 31, B1) et le moment où se situe cette scène : *c'est avant ou après la fin de l'histoire ? C'est après...* donc les parents ont accepté tous les amis de Ludovic pour l'anniversaire de Nicolas ! Qui retrouve le plus d'énoncés en français ? Qui peut déjà "lire" l'image en français bien sûr !

b. Faire retrouver les repères et rappeler le type de l'activité... et *le jeu de l'escargot* bien sûr avec lequel on pourra jouer.

2. Écouter

a. <u>Livre fermé</u>, faire écouter la partie (A) de la bande son pour vérifier ce qui a déjà été dit.

Durée 6 minutes 35 secondes

MA4 A	* L'animatrice : La chambre de Nicolas... pages 34 et 35... Tu te souviens, c'est l'anniversaire de Nicolas./
B	1 "Anniversaire" cf. p. 94 2 "Elle, comment s'appelle-t-elle ?" cf. p. 94 3 "Chat, chat es-tu là ?" cf. p. 94 4 Pierre appelle Paul. Paul appelle 8. 8 appelle 11. 11 appelle 12. 12 appelle 16. 16 appelle 21. 21 appelle 27. 27 appelle 29. 29 appelle 30. Pierre appelle Paul. Paul appelle 22. 22 appelle 23... 5 "Lundi matin, ma mère..." cf. p. 94
C	<u>Brigitte Mélodie</u> : C'est fini les enfants... Ludovic, Nicolas, les enfants... rangez la chambre, rangez les jouets.**

b. <u>Livre ouvert</u>, faire écouter, une à une, chaque partie de (B) en demandant à la fin de chacune d'elles de trouver les dessins correspondants.

– (B1), la chanson, peut être illustrée par le calendrier (*qui vient chaque année*) et par le *gâteau au chocolat* (Poilu qui déguste le gâteau p. 35... et que Patapon aimerait, peut-être, goûter aussi !)

– (B2) est illustrée par les 6 enfants qui se font face avec les mains sur les genoux ou jointes ou les unes contre les autres. Nous jouerons comme eux pour apprendre cette nouvelle comptine et ces nouveaux prénoms.

– (B3) est illustrée, *en haut de la page 35*, par les 3 enfants qui jouent à cache-cache.

– (B4) est illustrée, *en bas à gauche page 34* : on voit la bulle avec *30* et les enfants jouent encore.

– (B5) est illustrée, aussi, par le calendrier parce que c'est une chanson qui parle *des jours de la semaine*... d'ailleurs c'est l'occasion d'apporter un calendrier éphéméride français en classe... ou de le faire faire (voir dans les activités). Et puis c'est comme si Nicolas parlait dans cette chanson-comptine *"mon frère, mon père, mon anniversaire... chez moi"* et Nicolas se trouve près du calendrier.

Une partie de l'image ne correspond pas à une comptine (ou chanson) de la bande son : c'est (B6). Qu'est-ce qu'on peut imaginer ? Les bulles indiquent quelque chose : *on voit 30 encore une fois...* et *40*. Les enfants jouent au loto. Donc, nous ferons de même pour apprendre les nombres jusqu'à 40.

c. Faire écouter la partie (C) de la bande son : que se passe-t-il ? *Comme à la fin de la récréation avec la maîtresse, la maman, Brigitte, demande de ranger. C'est fini !*

pages 34 35

VOCABULAIRE	LANGUE DE LA CLASSE	REPRISE POSSIBLES DANS D'AUTRES PAGES
chaque année gros embrasser madame/mesdames monsieur/messieurs chez moi gentil appelle	que se passe-t-il ?	1. L'anniversaire ....p. 40, 42, 43, 45, 46, 48 2. Elle, comment ....p. 36, 37, 39, 40, 42, 48 3. Chat, chat ....p. 40, 45, 48 4. Pierre appelle .... p. 40, 46, 47, 48 5. Lundi matin......p. 40, 48... et chaque jour !

3. Activités

a. La chanson : après plusieurs écoutes de la chanson, les enfants devraient en comprendre le sens général. Reprendre brièvement l'explication en reprenant *"les invités sont arrivés, qui vient chaque année, nous venons t'embrasser"*. On comprend, maintenant, pourquoi les enfants avaient des paquets, des cadeaux dans les bras... *"petits et gros"*. Apprendre la chanson. Bien vérifier la prononciation. On pourra la reprendre avec un autre prénom de la classe et un âge différent et l'enregistrer sur la cassette de la classe.

b. *"Elle, comment s'appelle-t-elle ?"* : apprendre la comptine en tenant compte du découpage syllabique (6-8, 6-8, 6-8, 6-2, 3-6), de la prononciation en finale interrogative de [ɛl] et [il] et en finale exclamative, ainsi que de [jø] dans *"mieux et messieurs"*. Le jeu avec les mains consiste à se trouver face à face, 2 par 2 et de suivre le découpage syllabique avec les gestes correspondants :

– On commence par les 2 mains tapant sur les cuisses (a) sur *"elle"*, on continue en se frappant dans les mains (b) sur *"co"* et chacun se frappe les 2 mains les unes contre les autres (c) sur *"ment"* – voir sur le schéma de la page précédente (a), (b), (c).

– On continue toujours sur le même rythme : (a) pour *"s'a"*, (b) pour *"pelle"* et (c) pour *"t-elle ?"*. On reste 2 fois en (c) sur les prénoms mais on continue après *"mieux"*. On doit donc terminer en (c). Le jeu de mains doit, donc, être : (a), (b), (c), (a), (b), (c) – (c), (c) – (a), (b), (c), (a), (b), (c) – (a), (b), (c), (a), (b), (c) – (c), (c) – (a), (b), (c), (a), (b), (c) (même chose pour la reprise avec *Estelle* et *Cyril*). (a), (b), (c) – (a), (b), (c), (a), (b), (c). Laisser les enfants le faire en suivant sur la cassette, en ralentissant le rythme ensuite. On enregistre sur la cassette de classe ceux qui y arrivent sans se tromper bien sûr !

c. *"Chat, chat, es-tu là ?"* : expliquer que c'est une petite comptine qui sert à donner le temps de se cacher quand on joue à cache-cache (celui qui colle la récite très haut pendant que les autres se cachent. Il se retourne à *"gare à toi"* et cherche les autres). On peut la faire réciter en dialogue. Confirmer l'emploi de la négation (*"non, non, je n'y suis pas"*... Le chat ne peut pas sortir). Rappeler l'autre chanson pour trouver le chat (*les 5 doigts*). On joue à cache-cache.

d. *"Pierre appelle Paul"* : prétexte pour apprendre les nombres jusqu'à 30, jusqu'à 40... ou pour les reprendre si cela a été fait précédemment. Ne pas oublier les fiches pour la boîte (+) du dictionnaire. Les enfants sont assis par terre en rond et récitent en même temps le début. On a attribué à chacun des nombres (soit entre 20 et 30 ou 40 soit entre 0 et 30 ou 40 si on veut revoir et compliquer la situation). Chacun doit se souvenir très précisément des nombres attribués car il doit reprendre quand un joueur annonce *"appelle"* son numéro (si *8* est appelé, il doit immédiatement reprendre en disant *"8 appelle 11"* et *11* doit immédiatement reprendre de la même façon en appelant un autre numéro). Si on ne réagit pas tout de suite, on est éliminé... mais les autres doivent s'en souvenir ! Si quelqu'un rappelle un numéro éliminé, il est éliminé à son tour. Donc la mémoire et l'attention sont sollicitées. Durant tout le jeu, tout le monde a les mêmes gestes : on tape sur les cuisses avec les 2 mains (*Pierre* ou *8* ou *11*...), on frappe les 2 mains l'une contre l'autre sur *"appelle"* et on met les 2 mains contre les oreilles sur *"Paul"* ou autre numéro (on mime l'écoute au téléphone).

e. *"Lundi matin..."* : (reprise de *"Lundi matin l'empereur, sa femme et le petit prince"*, chanson populaire pour apprendre les jours de la semaine). Expliquer brièvement la chanson. Donner les jours de la semaine. À l'aide d'un éphéméride et du calendrier en langue maternelle, montrer la succession des jours dans une semaine. Faire illustrer chaque jour par une activité précise (ou la présence à l'école) et mettre sur le panneau vert. Attention à la prononciation de *"puisque"*.

f. Loto des nombres : faire fabriquer un loto avec les nombres reproduits sur des petits cartons. On pourra le faire à la maison... et jouer en classe. On pourra aussi prendre un vrai loto et ne jouer qu'avec les nombres connus. Il servira plus tard !

Magazine 2 ■ Dans la maison

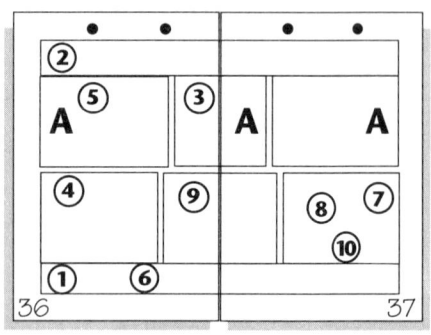

COMMUNICATION	VOCABULAIRE
merci	la cave, le grenier, le cagibi,
tout en haut, en bas	les meubles, le placard, l'armoire,
sur, sous	le tapis, les coussins
au fond de	la table, nappe,
dans	la chaise, le fauteuil,
de... à (au)	la baignoire, le lavabo,
à côté de, entre	la lampe

1. Regarder

a. Laisser les enfants observer les 2 pages : *qu'est-ce qu'on voit ? Qu'est-ce qu'on connaît ? Qu'est-ce qu'on ne connaît pas ?* Reprendre le plan de la maison établi au moment de l'histoire et vérifier les pièces. Qu'y a-t-il en plus sur l'image ? *Tout en haut, regardez bien... et tout en bas, qu'est-ce qu'on voit ?* On découvre le grenier et la cave... *Souviens-toi page 28 au début de l'histoire* : faire vérifier page 28. Est-ce que les enfants ont remarqué les points d'interrogation ? Qu'est-ce que cela veut bien dire ? *Et la grand-mère, que fait-elle ? Elle parle.* (Faire remarquer la bulle.)

b. Faire retrouver les repères : *qu'est-ce qu'il faut faire ?* (Les consignes de Mémo doivent être bien retrouvées maintenant.) Fixer la nature de l'activité et mettre un rectangle jaune sur le <u>panneau vert</u> de référence.

2. Écouter

Durée 3 minutes 7 secondes

MAs	* <u>L'animatrice</u> : Dans la maison... pages 36 et 37... Regarde la famille Mélodie dans les pièces de la maison... Mais que se passe-t-il ? [chanson "Les lunettes de grand-mère" cf. p. 95].
A	<u>L'animatrice</u> : Alors, qui cherche tout en haut du placard* ? C'est dans quelle pièce ? Qui cherche dans la salle de bains* ? Et dans une chambre * qui cherche sous le tapis * ? Qui cherche dans les tiroirs ?
B	<u>L'animatrice</u> : Maintenant, qui fabrique les fiches pour les boîtes du dictionnaire, les fiches des pièces de la maison ? N'oublie pas le grenier. Qui fait les fiches des meubles, de l'armoire, du placard, du lit, des coussins... ? Et chez toi, c'est comme ça ?

a. <u>Livre fermé</u>, faire écouter la partie (A) de la bande son.

Quels éléments sont trouvés ? Une seconde écoute permet-elle de trouver autre chose ? <u>Livre ouvert</u>, après une autre écoute, les consignes de Mémo sont-elles toutes trouvées ? Pourquoi entend-on souvent le chien ?

b. <u>Livre fermé</u>, faire écouter la partie (B). <u>Livre ouvert</u>, peut-on au moins fixer ce qu'il y a à faire ? Faire retrouver les personnages en reprenant <u>la comptine</u> *"Elle, comment s'appelle-t-elle ?"* en remplaçant les prénoms par ceux des personnages... même si cela ne rime pas !

pages 36 37

AUTRE VOCABULAIRE POSSIBLE	AUTRES COMPTINES	PAGES JEUX
bibliothèque, étagère glace (miroir) coffre à jouets évier cuisinière canapé	Elle, comment s'appelle-t-elle ?	**p. 46, p. 47** retrouver, colorier les pièces et les meubles de la maison le jeu de la maison

3. Activités

a. La chanson : c'est à partir de la chanson que nous allons découvrir d'autres pièces et ce que veut dire *"les meubles"* et pouvoir répondre à la question de l'animatrice : *Que se passe-t-il ?* Après avoir écouté plusieurs fois la chanson, trouvé le nombre de couplets et combien de fois est repris le refrain, on peut expliquer, brièvement, la situation : *il faut chercher les lunettes de grand-mère dans la maison et toute la famille Mélodie aide la grand-mère.*

Reprendre la chanson et faire repérer, sur l'image, les endroits où l'on cherche : *tout en bas, à la cave* 1 et *tout en haut, au grenier* 2 ; *après dans la salle de bains* 3, *au milieu, au fond du cagibi en bas à gauche dans la cuisine* 4…

Continuer ainsi, sans donner les réponses aux questions de l'animatrice bien sûr ! Expliquer la différence entre *"placard"* (armoire faite dans un mur) et *"cagibi"* (petite pièce faite le plus souvent pour ranger aussi). Reprendre l'expression *"de la cave au grenier"* (à partir d'un point pour aller à un autre). Reprendre toutes les expressions de localisation en mettant en situation, sans oublier de montrer, *dans la chambre de Nicolas* (p. 34, 35), l'enfant *sous le lit* et le garçon qui se cache *sur la chaise, derrière le rideau*.

Faire, au tableau, le plan de la maison et demander à un enfant de venir mettre une croix à la craie (ou déposer une forme de lunettes découpée dans un carton) sur chaque endroit au fur et à mesure de l'écoute de la chanson… voire même en chantant lui-même la chanson. On remarque qu'on range *les vieux meubles au grenier et à la cave, qu'est-ce qu'on range ?*

b. Qui cherche ? Reprendre les questions de l'animatrice et laisser répondre les enfants. *Mais qui ne cherche pas ? Yves Mélodie, le père. Qu'est-ce qu'il fait ? On ne sait pas qui cherche au fond du cagibi : peut-être Poilu ou Yves ou la grand-mère ? Et à la cave et au grenier ?* Laisser les enfants trouver des réponses éventuelles. Faire imaginer les parcours d'un ou 2 membres de la famille "de la cave au grenier". *"Même le chien"* dit la chanson… est-ce que Patapon cherche les lunettes de grand-mère ? Qu'est-ce qu'il fait ?

c. Les meubles : reprendre d'abord dans la chanson (*placard, coussin, armoire, tiroirs*) et ensuite en regardant l'image, les meubles de la maison (*chaise, table, table avec une nappe, lampe, baignoire, lavabo, fauteuil, tapis*). Reprendre le plan de la maison et faire dessiner (ou découper dans des magazines ou catalogues) les meubles correspondant à chaque pièce. Faire (ou continuer) la première partie de l'activité p. 46 et le jeu de la maison p. 47 (qui peut être fait après, à la page Mémo).

Faire dessiner ou mieux en découpage-collage sur les pièces et les meubles de la maison de chaque enfant… il pourra, ainsi, répondre à l'animatrice et présenter aux autres. On enregistrera pour la cassette de la classe une ou deux présentations et on mettra sur le panneau vert les collages.

d. Les fiches du dictionnaire : reprendre la partie (B) de la bande son et partager le travail à faire en plusieurs groupes.

+ Suggestions

a. Une autre place pour les lunettes de grand-mère : par équipes de 2, on pense à une autre place. Faire reproduire les pages 36 et 37 et chaque équipe place les points d'interrogations. On échange les propositions et on voit quelle équipe est la plus rapide à trouver et dire les lieux où on cherche et l'endroit où sont cachées les lunettes.

b. Une autre histoire : on invente une autre situation pour trouver quelque chose. On peut se servir des découpages-collages ou dessins des enfants pour illustrer. On prépare une "nouvelle" chanson ou un nouveau texte et tout le monde cherche. On pourra faire cette activité avec les jouets par exemple.

c. Un jeu de piste : de la même manière, on organise un jeu de piste dans la classe pour retrouver quelque chose. Qui va trouver le premier ?

Magazine 2 — Mon jouet page 38

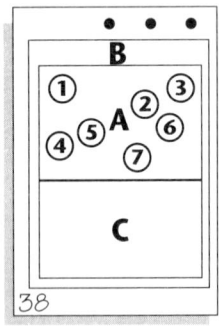

PHONÉTIQUE	VOCABULAIRE	LANGUE DE LA CLASSE	PAGES JEUX p. 44, p. 45
comptine [u] [ã] [ʒ] [õ] groupe consonantiques [bl], [gʀ]	*les jouets, les legos, le baigneur, le train électrique, la poupée, l'ours en peluche, le robot, le jeu électronique préféré, couleurs (rose, marron, violet, orange, gris) – mon, ton, son – ma, ta, sa*	récite, récitez tu récites… apprends le premier le gagnant n'oublie pas	jeu des différences (retrouver emplacement des jouets), dessiner ses jouets, colorier pour retrouver des jouets

1. Regarder

L'observation de la page est évidente : *d'autres couleurs, une autre publicité avec des jouets, les enfants Mélodie qui dessinent et une autre consigne de Mémo. Alors, qu'est-ce qu'on fait ? Qu'est-ce qu'il faut faire ?*

2. Écouter

a. Livre fermé, faire écouter la bande son pour confirmer ce qui a été trouvé.

Durée 2 minute 45 secondes

MAs A	L'animatrice : Mon jouet… page 38. Dans le magazine 2, il y a une page "jouets" * : regarde les legos, le baigneur, * le train électrique, * la poupée, l'ours en peluche, le robot * et les voitures.* Et toi, tu as les mêmes jouets ?*
B	L'animatrice : C'est une page couleurs aussi. Écoute, apprends la comptine. Qui récite ? [Comptine cf. p. 94].
C	L'animatrice : Oh regarde ! Élodie colorie sa poupée préférée. De quelles couleurs est-elle ? Nicolas, lui, colorie sa voiture préférée. De quelles couleurs est-elle ? Et Ludovic colorie son robot préféré. De quelles couleurs est-il ? Et toi, dessine ton jouet préféré ? Qu'est-ce que c'est ? De quelles couleurs est-il ?

Certains bruits nous aident, mais est-ce que tous les jouets sont accompagnés d'un bruit ? Est-ce que tous les bruits sont illustrés ?

b. Livre ouvert, on écoute à nouveau la bande son. Si beaucoup de choses se confirment, il y a toutefois un bruit qui ne correspond pas à une illustration (c'est le dernier bruitage de la partie (A) pour le jeu électronique qui est illustré dans les pages activités… nous verrons ensuite). Ce sont, peut-être, les jouets qu'a reçus Nicolas pour son anniversaire… Reprendre la chanson "L'anniversaire".

3. Activités

a. Les jouets : reprendre la partie (A) de la bande son et faire retrouver les jouets : *les legos* 1, *le baigneur* 2, *le train électrique* 3, *la poupée* 4, *l'ours en peluche* 5, *le robot* 6, *les voitures* 7… *et le jeu électronique !* On entend mais on ne voit pas. Il n'y a pas de photo. Mais regarde bien pages 44 et 48, dans les pages jeux. Qui a trouvé le jeu électronique ? *Et après, qui a les mêmes jouets ? Moi, j'ai (…) Et toi ? est-ce que tu as (…) comme X ? Tu as aussi (un…).* Faire les fiches pour le dictionnaire. Mettons sur le panneau vert des photos des mêmes jouets découpées dans des catalogues.

b. Les couleurs : reprendre la partie (B) de la bande son. *Tu te souviens de l'affiche pour la rentrée des classes ? C'est à quelle page ? Maintenant, on peut retrouver toutes les couleurs.* Reprendre la comptine : expliquer *avec quelles couleurs on fait le rose (blanc et rouge)…* Reprendre les jouets (*le ballon* est en plus). Faire illustrer la comptine (expliquer "*mon petit ange*" : formule affective soit pour dire "*bébé*", soit pour montrer qu'on aime beaucoup… comme son jouet !). Faire colorier en utilisant de la peinture pour que les enfants obtiennent les couleurs. Mettre une production sur le tableau vert.

c. Le jouet préféré : reprendre la partie (C). Expliquer "*préféré*" (celui qu'on aime le mieux, le plus). Reprendre "*sa*" (une poupée), "*son*" (un robot) et "*il, elle*". Laisser les enfants répondre. Faire dessiner ensuite le jouet préféré et le présenter après. Faire inventer une comptine de la même façon, mais avec le jouet préféré de chacun. On l'enregistrera sur la cassette de la classe. Faire les activités p. 44 et 45.

Magazine 2 ✻ Ma famille pâte à sel   page 39

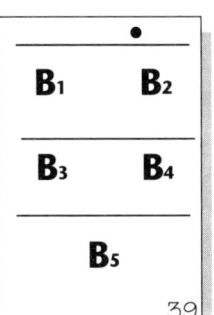

COMMUNICATION	LANGUE DE LA CLASSE	VOCABULAIRE	AUTRES RÉALISATION
tu es prêt ? c'est joli ! un peu de doucement pas trop vite	fabrication un personnage la pâte à modeler par exemple attention à	un radiateur un verre mouille verse ajoute sécher les mains les doigts	pions pour les jeux personnages

1. Regarder

Les enfants comprendront vite qu'il faut fabriquer des personnages… et quels personnages quand on donnera le titre de la rubrique : *Ma famille pâte à sel. Qu'est-ce qu'il faut faire ? Vite, on écoute la cassette.*

2. Écouter

a. <u>Livre ouvert</u>, faire écouter la bande son dans son intégralité.

Durée 2 minutes 57 secondes

MA6 A	L'animatrice : Et voici la page "fabrication" du magazine 2… Ma famille pâte à sel, page 39.
B1	* Nicolas, tu es prêt ? Nicolas : Oui, oui et Poilu aussi.* L'animatrice : Alors, qu'est-ce qu'il faut ? Nicolas : Il faut un verre de sel fin, deux verres de farine * et un verre d'eau.*
B2	L'animatrice : Très bien.* Maintenant Nicolas, prépare la pâte. Écoute ce qu'il faut faire.* Mouille le sel avec un peu d'eau.* Nicolas : Alors, un peu d'eau sur le sel.* L'animatrice : Verse la farine. Nicolas : Alors, les 2 verres de farine sur le sel.* L'animatrice : Ajoute l'eau. Nicolas : Alors, l'eau sur la farine et le sel.* L'animatrice : Doucement, doucement Nicolas, pas trop vite ! Nicolas : D'accord, voilà… je continue ?

	L'animatrice : Oui, mélange la farine avec le sel et l'eau… Fais la pâte à sel.* Nicolas : Oh, c'est comme la pâte à modeler, à l'école.*
B3	L'animatrice : Bien, Nicolas. Après, sur une table, fais les personnages.* Nicolas : Par exemple mon papa, ma maman, ma sœur… et mon chat ! L'animatrice : Oui, très bien. Travaille la pâte doucement avec tes mains et tes doigts.*
B4	Laisse sécher un jour ou deux sur la table ou sur un radiateur. Attention à Poilu.*
B5	Nicolas : Et après ? L'animatrice : Après, colorie, décore… oh, c'est joli ! Bravo Nicolas !
C	L'animatrice : Et maintenant, à toi, amuse-toi à l'école… et à la maison !

b. Reprendre la bande son en isolant bien les parties (A) et (C), *l'animatrice parle à la classe*, de la partie (B), *l'animatrice est avec Nicolas*. Reprendre l'une après l'autre les 5 parties de (B) en faisant observer les illustrations correspondantes. Bien mettre en évidence que la partie (B2) n'est pas intégralement illustrée : les 3 étapes (*mouille le sel, verse la farine et ajoute l'eau*) peuvent se dérouler et se montrer par la seule illustration (B2). Montrer de la pâte à modeler. Faire remarquer qu'il y a beaucoup de temps qui se passe (un jour ou deux) entre (B3) et (B4). Faire retrouver *le père, la mère, la sœur et le chat…* en chantant *"Lundi matin, mon père…"* qui montrera, aussi, le temps qui doit passer avant de décorer. *Et après, qu'est-ce qu'on fait ? Où ?*

3. Activités

Mettre les enfants par 2 et reprendre chaque partie de (B) en interrompant suffisamment la bande son afin que les enfants aient le temps de réaliser ce qui est demandé.

On reprendra la pâte à sel pour de nombreux sujets (les aliments, les vêtements, les paysages…). Chacun peut en fabriquer à la maison… pour raconter une histoire en français bien sûr ! Les productions seront exposées en classe.

On peut utiliser la pâte à sel pour fabriquer des pions pour les jeux.

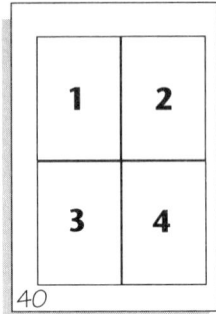

Magazine 2   Mémo   page 40

> Nous retrouvons Mémo, l'humour et la page de réemploi. Selon la réaction des enfants, on pourra commencer par reprendre la chanson de Mémo avant d'entrer dans la lecture des images. On pourra, également, partager le groupe en 4 afin que chaque groupe s'occupe d'une image.

1. Regarder

Il est évident que Mémo et ses amis ne respectent pas bien la fonction de chaque pièce : on mange dans la chambre, on joue au jeu de l'escargot dans la salle de bains, on ouvre les cadeaux dans la cuisine, on fait de la pâte à sel, de la peinture dans la salle à manger !

2. Écouter

Durée 58 secondes

> **MA₇** [chanson]
> L'animatrice : Oh là, là, là, là, page 40, Mémo et sa famille à la maison. Et on joue avec le jeu de l'escargot !

Expliquer "*oh là, là*" : l'animatrice est aussi un peu affolée par ce qu'elle voit. On utilise souvent cette expression pour exprimer la surprise, la joie ou le mécontentement.

3. Activités

a. <u>Les comptines et chansons du magazine 2</u> : reprendre selon les illustrations : par exemple, *sur l'image 1, quelle comptine ou quelle chanson on peut réciter ou chanter ?* ("l'anniversaire", "blanc et rouge"… sur la 1 ; "Pierre appelle Paul", "blanc et rouge", "chat, chat es-tu là" sur la 2 ; même chose sur la 3 ou "lundi matin…" ; "les lunettes de grand-mère" et "lundi matin…" sur la 4… mais d'autres choix sont possibles ! Et sur les images *où est la mère ? le père ?*… Quel chat peut être la sœur ?

b. <u>Les pièces et les meubles de la maison</u> : faire retrouver dans chaque pièce les meubles installés. 1 : *la chambre.* 2 : *la salle de bains.* 3 : *la cuisine.* 4 : *la salle à manger.* On ne voit pas quelles pièces ? (salon, cave, grenier). *On ne voit pas quel meuble ?* Reprendre les expressions de localisation *Où est la boîte de peinture ?*…

c. <u>Les jouets et les couleurs</u> : faire retrouver les jouets *Où est la poupée ? De quelle couleur est-elle ?* D'autres jouets sont représentés (avion, bateau). *On ne voit pas quel jouet ?*

d. <u>Que se passe-t-il ?</u> reprendre les actions dans chaque pièce *Et là, que fait le chat ? Que dit-il ? Quel âge a-t-il ? Regardez bien les bougies sur le gâteau d'anniversaire…* Faire reproduire la feuille et faire mettre des formes numérotées et coloriées sur des personnages (ex : rond vert sur mère (1), grand-père (2)… carré bleu sur la souris dans (2), sur la chatte de (3) qui s'adresse à son père, etc.). Faire travailler par équipes de 2 comme dans le magazine 1. Faire trouver des prénoms et noms de famille aux personnages *Et lui, comment s'appelle-t-il ? Quel âge a-t-il ?* Enregistrer sur la <u>cassette de la classe</u> "cette drôle de famille" ! *Et le chien, où est-il ? Et le perroquet ?* On peut les ajouter sur une des productions réalisées par les enfants et la mettre sur le <u>panneau vert</u> !

Magazine 2 — pages Jeux – Activités

1. Page 41 : page d'introduction

a. Regarder : on retrouve les différentes attitudes de Mémo qui nous indique ce qu'il faut faire. Pas de nouvelles consignes, on retrouve les mêmes numéros que sur la page du magazine 1 (p. 19) : ce sont les numéros d'apparition dans le premier magazine. *Alors qu'est-ce qu'on fait dans le magazine 2, dans les pages jeux du magazine 2 ? Qui veut répondre ?*
Pas trop de surprise pour le matériel non plus : **on retrouve les crayons de couleur, le crayon, les feuilles de papier.** Mais il y a autre chose… est-ce qu'on peut le dire ?

b. Écouter la bande son, <u>livre ouvert</u>.

Durée 25 secondes

MA8	Et voilà les pages jeux du magazine 2. Regarde ce qu'il faut. Regarde ce qu'il faut faire page quarante et une.

Même si on reconnaît **la musique des pages jeux, Mémo ne nous aide pas.** On sait maintenant **vingt et une, trente et une, quarante et une** parce qu'il s'agit d'une page.

Donc, **on cherche ce qu'il faut : une feuille de papier noir, un dé, des ciseaux et de la colle. Ce qu'il faut faire, on s'en souvient. Qui a compris ?** Mettre les figurines du chat et la reproduction de la page sur le <u>panneau vert</u>.

2. Page 42 : remettre en ordre l'histoire

a. Regarder : faire trouver les consignes et le matériel. Rappeler la même activité faite dans le magazine 1 (p. 21) : *tu te souviens ?*

b. Écouter : faire écouter la bande son, <u>livre fermé</u>.

Durée 43 secondes

MA9	Page quarante-deux. Tu te souviens ? La famille Mélodie. Cherche chaque partie de l'histoire. Colorie le grand-père, la grand-mère, le père, la mère et les enfants de la famille Mélodie… et Poilu bien sûr ! Écris le bon numéro et raconte ce que tu as fait à toute la classe.

Est-ce que l'écoute de la bande son permet de tout comprendre ? En l'écoutant à nouveau, <u>livre ouvert</u>, peut-on retrouver une image qui permet de colorier toute la famille d'un seul coup ? (La quatrième image.) Demander de colorier toujours de la même façon chaque membre de la famille avec les couleurs connues (cf. magazine 1) pour pouvoir bien les repérer dans chaque image. *Et après, qu'est-ce qu'il faut faire ?*

c. Colorier et remettre en ordre : laisser les enfants faire seuls le coloriage et la remise en ordre. Donner un temps limité (sablier, pendule) et demander qui raconte l'histoire de la famille Mélodie. Demander à l'enfant qui veut répondre de dire *avec quelles couleurs* il a colorié les membres de la famille, l'ordre des images. Demander ensuite : *alors, l'image 4, c'est en haut à gauche ou à droite ? Et où est l'image 2, en bas à gauche ou à droite ?… Et au milieu, qui est-ce ? Et Poilu, sur les images, où est-il ?* Faire reprendre toute l'histoire : *Alors, au début, il y a Ludovic dans la chambre d'Élodie avec deux amis… Après…*

3. Page 43 : la famille Mélodie

Cette activité peut être faite en plusieurs parties selon le choix de l'enseignant(e) : elle peut servir à reprendre les différents membres de la famille seulement, à reprendre les expressions d'un état, à apprendre les nombres jusqu'à trente dans un premier temps et jusqu'à quarante ensuite. Elle peut être faite dans son intégralité, dans le cadre de l'option "Révision".

a. Regarder : faire observer les cartes avec la famille Mélodie d'une part et celles avec les nombres et la boîte d'autre part. Faire retrouver les consignes et le matériel : il va donc y avoir plusieurs parties.

b. Écouter : faire écouter la bande son, <u>livre ouvert</u>.

Durée 1 minute 3 secondes

> **MA₉** Regarde, page 43, les 7 cartes de la famille Mélodie. Cherche de quelle couleur est le rond en haut à gauche de chaque carte ? (psst, souviens-toi des boîtes du dictionnaire). Qu'est-ce qu'ils disent ? Dessine toutes les cartes de la famille Mélodie pour le dictionnaire. Fabrique d'autres cartes… et une nouvelle boîte pour le dictionnaire : la boîte des chiffres et des nombres. Et après, joue au jeu des 7 familles, tu connais ?

Cette fois-ci, *Mémo nous aide. Alors qu'est-ce qu'il faut faire ?* Reprendre la bande son pour bien fixer les activités :

– trouver la couleur du rond en haut à gauche des cartes
– trouver ce que disent les personnages
– faire les fiches pour le dictionnaire
– faire d'autres cartes et une nouvelle boîte, une autre boîte
– jouer au jeu des 7 familles.

c. Qui est-ce ? Qu'est-ce qu'ils disent ?
Laisser les enfants émettre différentes solutions. Leur rappeler l'aide de Mémo : *Souviens-toi des boîtes du dictionnaire ? Qu'est-ce que c'est ?* Laisser retrouver les 4 boîtes. Il faut, donc, bien colorier **en vert le rond, c'est pour la boîte "Qui est-ce ?"**

Laisser les enfants retrouver les personnages *Qui est-ce ? C'est le petit frère de la famille Mélodie, c'est Nicolas, Nicolas Mélodie…* Bien insister sur la fratrie, la reprise du prénom et du nom de famille.

Et après, qu'est-ce qu'ils disent ? Laisser retrouver "*J'ai chaud, j'ai froid, j'ai faim, j'ai soif*".

d. Les fiches du dictionnaire : l'activité précédente entraîne immédiatement la fabrication des fiches. Il faudra donc faire 2 fiches pour chaque membre de la famille : une pour la boîte "*Qui est-ce ?*" et une pour la boîte "*Qu'est-ce qu'il dit ?*". On pourra changer le dessin pour celle avec le rond vert.

e. La boîte des chiffres et des nombres : reprendre les fiches déjà faites dans le magazine 1 comme l'indique bien le dessin (cf. magazine 1 p. 20). On pourra reprendre <u>les comptines</u> qui nous ont aidés pour retenir les nombres jusqu'à 20. Autrement, reprendre la comptine pour les nombres jusqu'à 30 dans le cadre de l'option "Révision" (cf. *Pierre appelle Paul*) que l'on peut développer avec les nombres jusqu'à 40 (cf. l'activité "*la chambre de Nicolas*" p. 55 du guide pédagogique). On pourra illustrer avec des bougies puisque c'est le magazine qui parle d'anniversaire, mais aussi avec **des legos, des jouets** puisqu'on en parle aussi. On n'oubliera pas de colorier **en bleu, blanc et rouge** la boîte et de mettre le signe "**plus**" (+).

f. Jeu des 7 familles : pour jouer aux "7 familles" que nous connaissons déjà (cf. magazine 1 – activité 10 p. 24 – p. 42 du guide pédagogique), il faut fabriquer un jeu de cartes avec 7 familles dont la famille Mélodie bien sûr mais 6 autres dont on inventera les prénoms et les noms. Et pourquoi pas enregistrer la règle du jeu, toutes les familles du jeu sur la cassette de la classe… et mettre un exemplaire sur le <u>panneau vert</u>. On pourra, aussi, les préparer à la maison. On n'oubliera pas de mettre un carré rouge pour se souvenir dans quelle rubrique, dans quelles pages du magazine 2 on a parlé de la famille.

4. Page 43 : du bébé au grand-père

a. Regarder :
faire observer les 5 petites images. De qui s'agit-il ? Ce sont encore des photos avec des petits coins. Il y a 5 personnages ou un seul ? Que faut-il faire ?

b. Écouter la bande son, <u>livre ouvert</u>.

Durée 20 secondes

> **MA₉** Page 43. Cherche ce qu'il faut faire (psst, c'est le même personnage mais il n'a pas le même âge sur chaque photo).

Mémo nous aide encore (psst) et il dit que c'est un seul personnage. Ce sont des photos d'un monsieur. On voit le personnage bébé, enfant et après. Expliquer que l'image sur laquelle on voit le personnage au volant d'une voiture veut dire qu'il a au moins **18 ans** parce qu'en France on a le droit de passer le permis de conduire à 18 ans. Donner la consigne : *écrire de 1 à 5 dans le rond, 1 quand il est bébé et 5 quand il est vieux.* Il faut mettre les photos dans l'ordre chronologique.

c. Écrire le bon numéro : laisser les enfants faire seuls cette première partie. Ils devront ensuite présenter leur ordre choisi et dire l'âge du personnage en fonction de celui-ci : *sur la photo 1, c'est un bébé. Il a un an. Sur la photo 2, il a 3 ans (il pleure, il est à l'école maternelle). Sur la photo 3, il a 18 ans… Sur la photo 5, il est vieux. Il a … ans. Il est comme un grand-père.*

On pourra reprendre ce même principe avec les personnages de l'histoire, avec chaque enfant ou un membre de leur famille. On prendra alors 5 dessins réalisés qu'on tirera au sort et on demandera : *alors, après la photo 3, quelle est l'autre photo ? Et avant la photo 3 ?*

Si les fiches de la boîte (+) ont été faites avec des bougies, montrer celles qui peuvent correspondre, selon les âges donnés, aux différents personnages.

5. Page 44 : jeu des différences

a. Regarder : que voit-on sur les 2 images de la chambre ? Qu'est-ce qu'il faut faire ?

b. Écouter la bande son, <u>livre ouvert</u>.

Durée 1 minute 10 secondes

> **MA₉** Page 44. Le jeu des différences. Colorie sur les 2 images tous les jouets (les poupées, le robot, le jeu électronique*, les legos, la voiture, le train, le ballon, l'ours). Ah, colorie aussi la lampe et ce qu'il y a dans le cartable./ Après, cherche les 10 différences, oui, il y a 10 différences. Le premier qui a trouvé est le gagnant !

Expliquer *"différence"* ("ce qui n'est pas pareil"), *"le premier"*. Il y a donc 2 activités : colorier ce qu'a demandé Mémo et après, chercher les 10 différences.

c. Colorier : reprendre la première partie de la bande son et laisser les enfants colorier. Donner un temps limité (sablier, pendule). Ne pas vérifier après, on le fera après l'autre activité.

d. Les 10 différences : demander ensuite de chercher les différences. Le premier qui demande la parole doit dire aux autres ce qu'il a trouvé et montrer ce qu'il a colorié. S'il s'est trompé, il a perdu : *"Sur l'image 1, l'ours en peluche est dans l'armoire (ou le placard) en haut à droite. Sur l'image 2, il est dans l'armoire en bas au milieu…"* *"Qui est d'accord ? Qui n'est pas d'accord ?"* Laisser les autres apprécier ce qui est proposé.

Les différences sont sur la place de l'ours, du ballon, des boîtes sur et sous la voiture et de leur place dans l'armoire, du robot, des legos, de la lampe, du jeu électronique, du nombre de crayons et de livres dans le cartable.

Demander de quelles couleurs ils ont colorié les objets. On peut reprendre le jeu de Kim.

6. Page 44 : dessiner sa chambre

a. Regarder les consignes uniquement ! Est-ce qu'on se souvient d'une même activité dans le magazine 1 ? (p. 23).

b. Écouter la bande son.

Durée 39 secondes

> **MA₉** Page 44. Dessine ta chambre avec des jouets. Dis aux autres ce que tu as dessiné (non, non, ne montre pas ton dessin). Les autres dessinent ta chambre. Compare ton dessin avec les autres dessins. Qui a tout compris ? Qui a gagné ?

On se souvient de *la trousse, du dessin de la trousse p. 23 dans le magazine 1*. C'est la même chose, on fait la même chose pour sa chambre et ses jouets (cf. p. 42).

7. Page 45 : le loto des contraires

a. Regarder : faire observer les 12 petites images. *Qu'est-ce qu'on voit ?* Laisser les enfants trouver les 6 cartes blanches avec les numéros de 1 à 6 et ce qu'on peut dire : *1 : c'est un garçon de dos, c'est un enfant,* on ne sait pas très bien. *2 : c'est un petit garçon, il pleure. 3 : c'est chaud. 4 : c'est un garçon, il mange. 5 : c'est une fille, elle boit. 6 : c'est un garçon, c'est Nicolas (avec sa souris), il dort.* Faire de même avec les 6 cartes noires et les lettres de l'alphabet : on retrouve les mêmes choses, placées différemment. Qu'est-ce qu'on peut dire ? *j : elle ne boit pas. y : il ne mange pas. u : il ne dort pas. i : c'est une fille, ce n'est pas un garçon. q : il rit, il ne pleure pas. x : ce n'est pas chaud.*

Si on regarde le petit dessin en dessous, *qu'est-ce qu'on voit ? qu'est-ce qu'on comprend ?* Laisser les enfants émettre des hypothèses. Est-ce que Mémo va nous aider sur la cassette ? En tout cas, on sait qu'il faut fabriquer.

b. Écouter la bande son, <u>livre ouvert</u>.

Durée 42 secondes

> **MA₉** Ah ! un autre jeu page 45, un jeu de loto. Cherche bien les cartes blanches et les cartes noires qui vont ensemble. Regarde la carte blanche 1… c'est un garçon. Regarde la carte noire i… ce n'est pas un garçon. Continue. Fabrique un jeu de loto des contraires et joue avec.

A-t-on compris *"qui vont ensemble"* ? Est-ce que l'exemple donné par Mémo nous aide ? Laisser les enfants comprendre qu'il faut placer une carte blanche sur une carte noire et/ou inversement. Le loto des contraires, c'est jouer avec des cartes avec "ne… pas" et le contraire c'est-à-dire sans "ne… pas".

c. Le loto : faire fabriquer le jeu (cela peut être fait à la maison) en cherchant avec les enfants toutes situations-énoncés permettant l'utilisation de la forme affirmative et de la forme négative. On joue par équipes de 2 ou 4. On enregistre sur la <u>cassette de la classe</u> les formulations sélectionnées et on l'illustre pour le <u>panneau vert</u> de référence.
Si l'activité se fait après la page phonétique *"dans la chambre de Nicolas"*, on utilise la comptine *"chat, chat es-tu là ?"* pour désigner celui qui commence.

8. Page 45 : coloriage

a. Regarder : on connaît aussi ce type d'activité, on se souvient de celle de la page 25 dans le magazine 1. Cette fois-ci, c'est avec les lettres de l'alphabet phonétique qu'on reconnaît et répète. Pour connaître avec quelle couleur il faut remplir les cases, il faut écouter la cassette.

b. Écouter la bande son, <u>livre ouvert.</u>

Durée 1 minute 21 secondes

> **MA₉** Un coloriage page 45. Colorie les cases u et q : u en blanc et q en noir./ Après, les cases i, x, j, y : i en rouge, x en vert, j en bleu et y en jaune./ Et les cases f, l, m, n et r : f en rose, l en violet, m en orange, n en marron et r en gris./ Compare ton coloriage avec les autres et dis ce que tu vois (eh, n'oublie par les couleurs).

Reprendre la bande son pour que les enfants notent bien les couleurs et les laisser faire seuls. Quand ils présentent leur coloriage, un autre énonce *"Je vois un robot rouge, marron et noir"*. Qui est d'accord ? Qui n'est pas d'accord ?

9. Page 46 : dedans-dehors

Une partie de cette activité a pu être réalisée au fur et à mesure, il s'agit alors de compléter ce qui n'a pas été vu.

a. Regarder toute la page. Il s'agit bien de *la maison dehors (1, 2, 3, 4) et dedans avec mes pièces (5, 6, 7, 8, 9, 10, les meubles (de 11 à 23) et ce qu'on fait dans la maison (les parties en triangles de 24 à 31).* On peut même reprendre les <u>comptines et chansons</u> qui ont été vues.

b. Écouter, <u>livre ouvert</u>, la bande son.

Durée 40 secondes

> **MA₉** Ah page 46, on cherche tout ce qu'on connaît sur la maison. Dehors, avec le toit, les murs, la porte et les fenêtres. Dedans, avec toutes les pièces, les meubles et ce qu'on fait. Cherche bien, colorie ce que tu connais.
> Parle avec les autres et compare.

Il faudra, après avoir colorié, dire aux autres ce que l'on a colorié en n'oubliant pas avec quelles couleurs bien sûr ! Si quelque chose est oublié, quelqu'un peut aider en expliquant ce qu'il a fait et en se souvenant de la page où cela a été découvert. Le panneau vert sert beaucoup à ces moments-là aussi !

10. Page 47 : le jeu de la maison

a. Regarder la page. *Encore le dessin d'une maison avec une cave* (où des affaires sont rangées comme le vélo, les skis...) *et un grenier. Il y a 40 cases qui vont de la cave au grenier, comme un escalier : la case 1 à côté de la cave et la case 40 à côté du grenier. Il y a des nombres sur chaque case. Combien de 1* (1), *de 2* (4), *de 3* (1), *de 4* (2)... ? *Il y a 4 cases particulières : regardez bien entre la case 9 et la case 10, entre la case 19 et la case 18 et après la case 39, la case 40. Il y a des flèches aussi. On voit aussi, sous le dessin de la maison, des cases avec des nombres... Tiens, c'est pareil une case 1, 4 cases 2, une case 3...* Et ces nombres, où les avons-nous déjà rencontrés ? Ce sont les mêmes que sur la page 46. A-t-on déjà une petite idée ?

b. Écouter la bande son, livre ouvert.

Durée 1 minute 33 secondes

> **MA₉** Youpi ! page 47, on joue ! C'est le jeu de la maison. Tiens, tu te souviens... le n° 1, le toit ; n° 4, une fenêtre ; n° 7, le salon ; n° 18, une chaise ; n° 24, il mange... Ah vite, écoute la règle du jeu. Et après, n'oublie pas le baromètre page 48 !
> [chanson de Mémo]

Mémo nous aide : les numéros vont avec des pièces, des meubles ou ce qu'on fait dans une maison.

c. La règle du jeu : on doit construire une maison. Pour cela, on part de la cave pour aller jusqu'au grenier. On avance en jetant le dé : on avance du nombre de cases indiqué par le dé (ex : 6 → sur la case 6). On obtient une partie de la maison indiquée par le nombre qui est sur la case (ex : sur la case 6, on voit 1, donc on obtient le toit). Pour ne pas oublier, on colorie la case correspondante en dessous (on colorie le rectangle 1). Le premier arrivé au grenier (il faut, pour cela, faire le nombre de points exacts sinon on retourne en arrière, comme au jeu de l'oie) décrit ce qu'il a obtenu. Si cela fait une maison, au moins avec tous les éléments de fondation (dehors : toit, 4 murs, 1 porte, 2 fenêtres) et les pièces principales, il a gagné. Si non, on recommence à jouer jusqu'à ce qu'un joueur obtienne une maison. On conserve alors les éléments déjà gagnés mais on ne peut pas les obtenir une seconde fois : si on a déjà le toit et que l'on retombe sur la case 6, c'est un coup pour rien.

Tout au long du parcours, on peut tomber sur la case entre les cases 9 et 10 : <u>on avance de 15 cases</u> ; sur la case entre les cases 18 et 19, <u>on est dans le placard</u> : on reste 1 tour (ou il faut être délivré par un autre joueur qui arrive lui-même sur cette case, au choix). Sur la case entre les cases 29 et 30, <u>on va où l'on veut</u> et sur la case 40, <u>on recule de 10</u> : on va sur la case 30. On joue à au moins 4 joueurs.

S'assurer que la règle du jeu est bien comprise.

d. On joue : il est préférable de reproduire le plateau en grand. On donne un pion distinctif à chaque joueur. Chaque joueur reproduit les 38 cases pour pouvoir colorier chaque élément obtenu.

le plateau

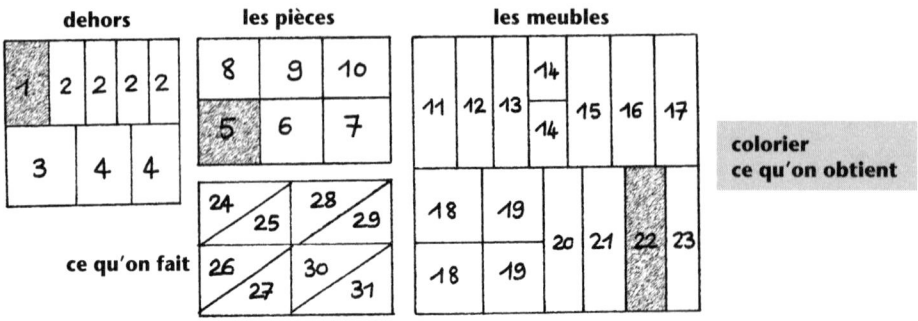

– Exemple d'un enfant ayant obtenu le toit (1), la cuisine (5), une lampe (22) –

Les enfants peuvent se servir de la distribution page 46 pour retrouver les éléments obtenus. La répartition des cases à colorier correspond exactement à la distribution donnée p. 46.

11. Page 48 : le baromètre

On procédera de la même façon que pour le magazine 1 (cf. p. 43).

Expliquer que "*chez nous*" veut dire "*à la maison*" dans la chanson de Mémo.

Reprendre le baromètre du magazine 1 avant de commencer : est-ce que d'autres éléments ont été complétés ? On fait donc la même chose pour le baromètre 2.

<u>Fixer</u> de la même façon : *Alors, à la fin du magazine 2 qu'est-ce qu'on connaît ?*

Relever, avec les enfants, ce qui s'est amélioré depuis le magazine 1. Est-ce qu'on a utilisé les mêmes repères ? Qu'est-ce qui a été pareil ? Qu'est-ce qui a changé ? Sur quoi devons-nous nous appliquer pour "encore sauter plus haut" ?

qui est-ce ?	**qu'est-ce que c'est ?**
Voici mon grand-père.	*La maison dehors.*
Lui, il s'appelle Ursule Mélodie… (la famille Mélodie)	*Les meubles + un robot, un gâteau d'anniversaire.*
Voici mes amis.	
Elle, elle s'appelle…	
Elle a 7 ans…	
qu'est-ce qu'il fait ?	**qu'est-ce qu'il dit ?**
Elle mange.	*J'ai faim, j'ai soif.*
Elle lit.	*J'ai froid, j'ai chaud.*
Il boit.	*Il pleure, il ne pleure pas.*
Elle fait la cuisine.	
Il regarde la télévision.	
Il dort.	

Reprendre la présentation de la famille et de l'âge sur les propres familles de chaque enfant.

Rappeler dans quelles pièces on trouve les meubles présentés.

Reprendre d'autres exemples de négation.

<u>Localisation et jouets</u> : une voiture *en haut à gauche*, un ours *sur* une table, une poupée *sous* une table, un robot *dans* une boîte, un train électrique *entre* un robot et un jeu électronique, une voiture *en bas à droite*.

Reprendre d'autres expressions de localisation (*tout en haut, tout au fond, à côté de…*).

On jouera avec <u>le jeu de l'escargot</u> et on continuera <u>le magazine 2 de l'école</u>.

À la fin du magazine 2 … : votre baromètre !

À la fin des 2 premiers magazines, les enfants peuvent-ils :
- comprendre plus vite les types d'activités et de stratégies demandés ?
- arriver à émettre des hypothèses plus rapidement en utilisant du français ?
- sélectionner ce qu'ils connaissent pour prendre du sens dans les nouveautés présentées ?
- "se jeter à l'eau" pour prendre la parole en français ?
- se présenter en donnant leur nom de famille, leur âge et présenter quelqu'un ainsi que les membres principaux de leur famille ?
- comprendre et dire où se trouve quelqu'un, un objet et plus spécifiquement dans les pièces principales d'une maison ? de la classe ?
- compter jusqu'à 40 et utiliser les principales couleurs ?
- préparer et présenter une petite histoire, une petite situation reprenant les principales actions se déroulant en classe, dans une maison en utilisant les fiches du dictionnaire pour "étoffer" les situations données ?

Avez-vous observé

- comment les enfants commençaient à s'autonomiser durant les activités et plus particulièrement sur les pages jeux ?
- si les difficultés, rencontrées lors du magazine 1 se sont estompées, renforcées, ou si de nouvelles sont apparues ? De quelle nature ?
- si les enfants ont établi des relations d'aide entre eux et comment ?
- comment l'utilisation du jeu de l'escargot s'est-elle développée ?
- quelle(s) chansons(s) et/ou comptine(s) – même du magazine 1 – est reprise, réclamée ou écartée par les enfants ?

facilités (+)	difficultés (–)	à reprendre, développer	à faire, à laisser

Magazine 3 En promenade

LIVRE DE L'ÉLÈVE	TYPE D'ACTIVITÉ	COMMUNICATION	VOCABULAIRE	GRAMMAIRE	PHONÉTIQUE	ACTIVITÉS	JEUX	MATÉRIEL
COUVERTURE p. 45	découverte chanter	exprimer son goût, sa préférence	des lieux de promenades	verbes au présent vous	rapidité du rythme et de l'expression	p. 63 (1) mimer jouer fiches dictionnaire	jeu du loup	panneau jaune cassette classe fiches
HISTOIRE p. 50, 51, 52, 53	mimer jouer (situations de communication)	se présenter, présenter quelqu'un exprimer un état, l'interdiction, un désir	des lieux publics animaux du zoo, du cirque	eux, ils, elles, nous, vous pluriel verbes	[ʃ] [ʒ] [u] [y] [i]	p. 64 (2)	« puzzles » jeu 7 familles	panneau jaune cassette classe fiches, cartes, sablier-pendule
LABYRINTHE p. 54, 55	(travail sur la langue)	dire où l'on va, ce qu'on fait	les vêtements	au, à, du, de pluriel verbes verbe aller	[p] /[b] [f]	p. 66 (4)	labyrinthe	panneau jaune cassette classe fiches, cartes, feuille carton, calque
AU JARDIN p. 56, 57	chanter, réciter (phonétique)	exprimer un état	les parties du corps les nombres → 60	au, à, eux, elles, nous, vous	[u] [y] [wi] [kwi] [kʀ] [tʀ] [bʀ]	p. 65 (3)	corde jeu de mains	panneau jaune cassette classe fiches, calendrier, sablier, pendule
LE PIQUE-NIQUE p. 58, 59	chanter jouer (lexique)	exprimer ses préférences suivre un chemin	les aliments les ustensiles	partitifs (du, de) il y a / il n'y a pas de		p. 67 (5) p. 68 (7)	jeu de déplacement jeu des différences	panneau jaune cassette classe fiches, sablier-chrono, pâte à sel
COMBIEN DE BONBONS ? p. 60	réciter compter (travail sur la langue)	exprimer la quantité, ce que l'on veut formules de politesse	les bonbons une addition les nombres → 60			p. 67 (5)	dessiner jouer à la marchande	panneau jaune cassette classe fiches, feuilles
LE BONHOMME SANDWICH p. 61	dessiner manger (faire)	reprise (état, préférence)	reprise (aliments, corps)	reprise (partitifs)		p. 69 (8)	invitation pour manger	panneau jaune cassette classe feuilles, aliments
MÉMO p. 62	(réemployer)	reprise	reprise	reprise	reprise	p. 69 (8) p. 70 (9) le baromètre	jeu de l'escargot jeu de dominos	les outils de référence feuilles cartonnées

C'est le magazine dans lequel on travaille seul bien sûr mais à plusieurs, **en équipes** aussi. On développe l'interaction dans la classe. Les enfants commenceront, également, à s'approprier véritablement le matériel en réemployant sous des formes diverses, en construisant et inventant d'autres exemples d'activités. Les **outils de référence** auxquels ils sont déjà habitués (les panneaux, la cassette de la classe, le dictionnaire) seront plus leurs productions que la reproduction des pages du livres. **Les ateliers** verront le jour : on commence à travailler sur plusieurs choses en même temps et on peut ainsi rapporter au groupe et établir de véritables situations de communications. **Le jeu de l'escargot** trouvera sa fonction développée dans le cadre des ateliers… et il s'enrichit, de cases aussi ! C'est le magazine "du pluriel" : on reprend les consignes, les verbes connus et on les conjugue. On comprend de mieux en mieux les différentes formulations parce que reprises sous des formes diverses. On introduit aussi la lecture d'un conte français bien connu ainsi que l'écoute d'une chanson du patrimoine français : on ne comprend pas tout, mais s'habitue à la "musique" de la langue française.

Infos socio-culturelles : les lieux publics *et les interdictions ! Les Français ont beaucoup d'animaux de compagnie – et surtout des chiens – et beaucoup de lieux publics leur sont interdits, particulièrement dans les magasins d'alimentation. Dans les moyens de transport, il faut les mettre dans un sac et on paye une place pour eux dans les trains.*

Une semaine d'école : *les écoliers français vont en classe les lundis, mardis, jeudis et vendredis et le samedi matin qui tend à être supprimé de plus en plus. À l'école maternelle et primaire, il n'y a pas de classe le mercredi (souvent remplacé par des centres de loisirs), ce qui n'est pas le cas ensuite au collège. Mais, là encore, des changements peuvent intervenir afin de remplacer le samedi matin.*

Magazine 3 . Couverture   page 49

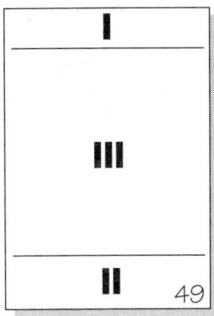

VOCABULAIRE	GRAMMAIRE	COMMUNICATION	PAGES JEUX
une promenade, en promenade, la ville, la piscine, le jardin, le zoo, le cirque, la campagne, les bois, les bonbons, le loup nouveau, nouvelle.	verbes au présent : dormir, se lever, chercher, trouver, manger vous regardez	je préfère Qu'est-ce que vous aimez ?	p. 63 les consignes et le matériel

1. Regarder

a. Un autre magazine, un autre illustrateur, un autre thème ! Un nouveau panneau de référence, *de quelle couleur ? Jaune, le panneau est jaune pour le magazine n° 3* (I). A-t-on encore besoin des silhouettes de Mémo pour comprendre les consignes ?

b. Et sur la page de couverture du magazine 3, où est le titre (II) ? En bas c'est écrit "*En promenade*" (expliquer le sens du mot). *Qu'est-ce qu'on voit ? Quels sont les personnages ? Où est-ce ?*

2. Écouter

a. En regardant la couverture, faire écouter la bande son.

Durée 3 minutes 42 secondes

MA₁	* L'animatrice : Et voilà le magazine 3 du Petit Trampoline, "En promenade". [chanson "Promenons-nous" cf. p. 95]
	L'animatrice : Dans le Petit Trampoline n° 3, on parle de promenades dans la ville*, à la piscine*, au jardin*, au zoo* et au cirque*. On parle de promenades à la campagne aussi*/. Et on mange dans le magazine 3 (moi, je préfère les bonbons*) Chut ! Et vous, qu'est-ce que vous aimez ?

Beaucoup de bruitages ? Est-ce que cela donne des indications, est-ce que l'on comprend des mots avec les bruits ?

b. Reprendre l'écoute de la chanson et faire retrouver, sur l'illustration, ce qui peut y être associé (*la forêt, les bois, le loup, je dors, je mange*). Reprendre ensuite jusqu'à "*dans la ville*" : est-ce que le bruit permet de trouver soit sur la couverture soit dans le magazine une image correspondante (à part, peut-être, le dessin p. 67, on ne voit pas bien). Faire la même chose avec "*à la piscine*" (p. 50, 62, 64, 65, 67), "*au jardin*" (p. 51, 54, 56 et 57, 62, 64, 65), "*au zoo*" (p. 52, 55, 64, 65, 67), "*au cirque*" (p. 53, 64, 65, 67), "*de promenades à la campagne aussi*" (couverture, p. 54 et 55, 58 et 59, 64, 70), "*on mange…*" (couverture 58 et 59, 60, 61, 62, 65, 68, 69, 70). Expliquez "*qu'est-ce que vous aimez ?*"… nous allons voir tout cela dans le magazine 3.

3. Activités

a. La chanson : reprendre la chanson. Faire retrouver combien de fois le refrain est répété et mettre en évidence quand on interpelle le loup (refrain) et quand le loup répond (les couplets). Reprendre chaque verbe et faire mimer en mettant en situation, à chaque personne, pour bien montrer le singulier et le pluriel. D'ailleurs, certains verbes et personnes sont déjà illustrés dans le dictionnaire. Les reprendre et les compléter avec les fiches "*tu, nous, vous, ils*"… et pourquoi pas "*elles*" ! Bien insister sur "*se lever*" et l'utilisation de la forme atone de toi "*te*" (objet direct). Faire illustrer la chanson pour le panneau jaune et enregistrer les enfants qui chantent sur la cassette de la classe pendant que d'autres la miment en même temps. Bien faire attention à la prononciation, la difficulté étant surtout dans la rapidité du rythme et donc de l'expression.

b. Faire l'activité p. 63.

c. Jouer au loup : dans la cour de récréation, "un loup" est dans sa cachette pendant que tous les enfants se promènent partout. À la fin de chaque couplet, il sort et essaye d'attraper quelqu'un. On ne doit pas être fait prisonnier, sinon on va dans la cabane du loup et on attend la fin du jeu. Les enfants ont aussi une maison dans laquelle ils doivent retourner s'ils ne veulent pas être attrapés par le loup, qui ne peut les prendre une fois qu'ils sont dans la maison.

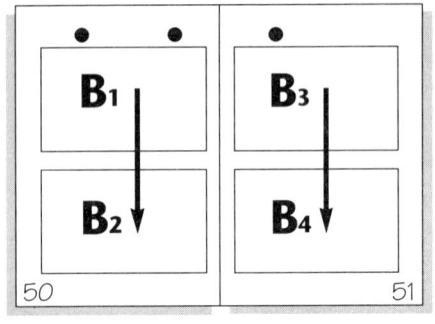

Magazine 3 ■ Histoire

Histoire : une autre famille, la famille Cachou, se promène dans différents endroits (dans la rue devant une boulangerie, à la piscine, au jardin, au théâtre de marionnettes, dans une librairie, au zoo et au cirque). C'est l'occasion pour la fille, Juliette, et le garçon, Gilles, de se faire une amie, Karima, mais surtout pour les 2 chiens de la famille, Julo et Chouli, de se voir interdire l'entrée dans tous les lieux publics. Mais, ils se vengent... au cirque en entrant dans la cage aux lions, au grand étonnement de nos héros !

COMMUNICATION
Nous, nous nous appelons...
Vous, vous vous appelez...
Eux, ils s'appellent...
Elles, elles s'appellent...
Comment ça va ?
On peut, c'est interdit...
Qu'est-ce que vous voulez ?

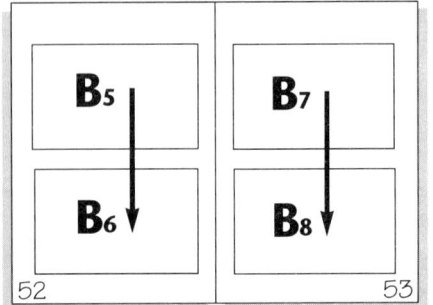

1. Regarder

a. Faire observer les 4 pages pour retrouver tous les repères connus en utilisant la formulation pluriel, même si elle n'est pas encore parfaitement comprise par tout le monde : *Alors, vous regardez bien. Qu'est-ce que vous voyez ? Vous cherchez bien tout ce qu'on connaît, tout ce que vous connaissez maintenant ?* Est-ce que ce qui avait été relevé sur la page couverture avec la bande son est repris ? (images de la piscine, du zoo, du cirque...) Est-ce que l'organisation de l'histoire est repérée ?

b. Faire remarquer les consignes de Mémo (si cela n'a pas été déjà fait) : il commence par écouter. Ce n'est donc pas pareil que dans les autres magazines.

2. Écouter

a. Faire écouter la bande son en demandant aux enfants de suivre sur le livre et en essayant de trouver le sens de la lecture des images : *Alors, maintenant, vous écoutez la cassette et vous regardez sur le livre.*

Durée 5 minutes 18 secondes

MA₂ **A**	L'animatrice : Une nouvelle histoire pages 50, 51, 52 et 53. Une autre famille, la famille Cachou. Écoute.
B₁	* Femme : À la boulangerie-pâtisserie Gilles : Hum des bonbons... des gâteaux ! Une dame : Oh les jolis chiens... ils sont beaux... Comment s'appellent-ils ? Père : Eux ?... Ils s'appellent Julo et Chouli.* Juliette : C'est fermé, on est lundi ! Non, on ne peut pas. C'est interdit !*
B₂	* Femme : À la piscine * Mère : Ouh, ouh... Ça va ? Père : Oui, ça va bien. Merci. * Fille (Karima) : Comment vous vous appelez ? Gilles + Juliette : Nous ? Karima : Oui. Gilles : Moi, c'est Gilles Cachou et ma sœur... Juliette : Moi, je m'appelle Juliette et toi ?

	Karima : Karima Abib.* * Maître-nageur : Non, non, les chiens*. C'est interdit. On ne peut pas.
B₃	* Femme : Au jardin Karima : Aïe ! Père : Oh Karima, ça va ? Karima : Non, ça ne va pas... J'ai mal à la jambe. * Mère : Qu'est-ce que vous faites ? Où allez-vous ? Juliette : Nous cherchons Julo et Chouli... Chut !* Gilles : Non, c'est interdit.* Le gardien : Ah, non, non, non, vous ne pouvez pas.
B₄	* Femme : Au théâtre de marionnettes Chaperon rouge : Oh grand-mère, tu as de grandes mains et de grands pieds. Gilles : On n'entend pas ! Vous entendez, vous ? Qu'est-ce qu'ils disent ? Juliette + Karima : Chut, tais-toi... on écoute. Père : Où sont les chiens ? Mère : Je ne sais pas.*

70

pages 50 51 52 53

GRAMMAIRE	VOCABULAIRE	PHONÉTIQUE	LANGUE DE LA CLASSE	PAGES JEUX
nous, vous, ils, elles eux, elles négation grand/grande petit/petit verbe au pluriel	des magasins, la boulangerie, la piscine, le zoo, le jardin, le théâtre, le cirque, des gâteaux, les animaux du cirque, du zoo, joli, beau, drôle	[ʃ] [ʒ] [u]/[y]/[i]	consignes au pluriel	p. 64 remettre en ordre l'histoire (en équipes)

B5
Caissière : Non, c'est interdit. Vous ne pouvez pas entrer.

Femme : À la librairie*
Libraire : Bonjour les enfants, qu'est-ce que vous voulez ?
Gilles : Nous voulons des livres avec des comptines et des chansons.
Juliette : Non, moi je veux des albums à colorier.
Libraire : Ah, il faut choisir !
* Karima : Bah non… on ne peut pas entrer !

B6
* Femme : Au zoo
Gilles : Oh regardez les lions !*
Juliette : Vous voyez les girafes là !
Karima : Et les singes ! Ils sont drôles ! Prenez des cacahuètes !*

B7
Père : Allez, les enfants !
Mère : Allez ! nous partons.
* Gardien : Non, non, non, les animaux ne peuvent pas entrer !

* Femme : Au cirque
Gilles : Moi, j'aime bien le grand clown rouge sur le petit cheval.
Juliette : Moi, je préfère le petit clown bleu sur le grand cheval.
Karima : Regardez les chevaux !*
Mr Loyal : Alors les enfants, vous voulez les lions maintenant ?
Foule : ouiiiiiii.*

B8
* Chien Julo : Là, on peut !
Chouli : Ce n'est pas interdit ! *

Est-ce qu'après cette première écoute, on peut donner le sens de la lecture des images ? Qu'est-ce qui a aidé à le trouver ? Est-ce que, comme dans les 2 autres histoires, chaque image se termine toujours par la même chose (la disparition de Thomas pour l'histoire 1 et la question de Kiki pour l'histoire 2) ? Une information déjà : *c'est l'histoire de la famille cachou…* et en français, les cachous, ce sont des petits bonbons à la réglise.

b. Regardez et écouter : faire observer chaque image dans un premier temps et faire écouler la partie correspondante de la bande son ensuite. Pour chaque image, faire rechercher le nombre de personnages, ce qu'il font, où ils sont et les aspects particuliers (ce qui est drôle, surprenant…). Après l'écoute de la cassette, reprendre les personnages. Faire retrouver ce qu'ils disent, les bruits qui permettent la prise de sens (ou de confirmer ce qui a été fait par l'observation).

– Sur B1, faire remarquer l'attitude des personnages : le monsieur qui montre avec sa main, à qui s'adresse la dame, ce que font la petite fille et les chiens et où est le petit garçon. Donner l'écrit, expliquer ce qu'est *une boulangerie-pâtisserie*, montrer *les gâteaux* et *les bonbons dans la vitrine à gauche* et *le pain à droite* (qu'on retrouve de chaque côté de l'enseigne). Que peut vouloir dire la tête du chien barrée avec un trait rouge ? Après l'écoute, on peut répondre à la question *Où est-ce ?* (*dans la rue*), retrouver les personnages et comprendre leurs attitudes. Mais on ne sait pas qui est qui encore ! A-t-on remarqué la voix de la dame qui dit "*À la boulangerie-pâtisserie*". *Qui est-ce ?* Est-ce qu'on peut déjà donner une explication à la pancarte de la tête de chien barrée ?

– Sur B2, faire retrouver des personnages (le garçon et la fille dans le bain, le monsieur qui lit et les chiens bien sûr !), le même geste du monsieur avec des lunettes que celui de la petite fille sur B1. *On voit aussi un grand garçon avec un petit maillot* et à l'inverse, *un petit garçon avec un grand maillot*. Et après avoir écouté, *qu'est-ce qu'on peut comprendre, qu'est-ce que nous apprenons ?* Le nom du garçon et de la fille de la première image, plus celui d'une autre petite fille… et, peut-être, ce que veut dire la pancarte qui ressemble beaucoup à celle de la boulangerie. *Est-ce que Julo et Chouli sont contents ?* Mais, où avions-nous déjà vu ces chiens ? (sur la dernière page du livre).

– Sur B3, faire retrouver *le père, la mère, les enfants et les chiens.* Qu'arrive-t-il à Karima ? *Et les chiens, où sont-ils ? que veulent-ils faire ?* Là encore, *on voit une grande fille avec de petits patins à roulettes et une petite fille avec de grands patins à roulettes…* et la pancarte. Expliquer *"Pelouse interdite"*. La cassette nous aide de plus en plus : à qui s'adresse le père, la mère et Gilles ? *Souvenez-vous de l'animatrice et de l'histoire à la piscine, comment s'appellent les personnages ? Et la dame qui dit où se passe l'histoire, qui est-ce ? Est-ce qu'elle est sur l'image ?* Non, elle aide l'animatrice.

– Sur B4, faire la même chose en donnant *"théâtre de marionnettes"* (si on a fait des marionnettes tant mieux, autrement expliquer et demander s'il y a la même chose dans le pays, si les enfants ont déjà vu un spectacle de marionnettes). *Est-ce qu'on a vu le loup et la petite fille en rouge pour les marionnettes ? Est-ce qu'on voit des personnages qui ne sont pas contents (Gilles, Juliette, la petite fille derrière un grand garçon… elle ne voit pas les marionnettes et les chiens bien sûr et la dame), à la caisse et monsieur Cachou ?* Il cherche quelque chose. *Qui peut répondre*, après l'écoute de la cassette ? *À qui parle Gilles ? À qui parle la dame de la caisse ?* Expliquer brièvement *"le petit chaperon rouge"*.

Est-ce qu'on peut, déjà, expliquer ce qui va se passer à la fin de l'histoire ? Et qui peut, déjà, reprendre le début de l'histoire ? Qui peut, déjà, dire où se passe chaque scène, quels sont les personnages, qu'est-ce qu'ils font et qu'est-ce qu'ils disent ?

– Sur B5, procéder de la même façon en soulignant les formes verbales au pluriel, en faisant remarquer *les grands chiens* et *les petits enfants. Est-ce que Julo et Chouli veulent aussi des albums à colorier ?* (Les crayons dans la gueule.)

– Sur B6, là encore, *Julo et Chouli ne peuvent pas aller au zoo. Ils ne peuvent pas donner des cacahuètes aux singes ! Et on voit aussi un grand lion et un petit lion, une grande girafe et une petite girafe et des grands singes et des petits singes. Comment sont-ils ? Ils sont jolis, ils sont beaux ou est-ce qu'ils sont drôles ?*

– Sur B7, *que se passe-t-il ? Est-ce que vous voyez les chiens de la famille Cachou ?*

– Sur B8, *nous comprenons !* Julo et Chouli se vengent… ils ont enfin trouver un endroit où ce n'est pas interdit… et *ils sont très contents !* En revanche, *monsieur Cachou, Gilles et Karima ne comprennent pas…* Le dompteur et les lions aussi ! Mais, peuvent-ils vraiment faire cela ?

c. Écouter et regarder : reprendre la bande son partie par partie et demander aux enfants de retrouver les situations et personnages sur le livre. On fixera l'histoire : *Alors, au début, monsieur Cachou et ses enfants, Gilles et Juliette sont dans la rue. Ils sont devant une boulangerie. Gilles regarde les bonbons et les gâteaux. Une dame demande comment s'appellent les 2 chiens. La boulangerie est fermée, c'est lundi. Les 2 chiens veulent aller dans la boulangerie… mais ils ne peuvent pas. c'est interdit… Après, on voit la famille Cachou à la piscine. On voit la mère, madame Cachou…* etc. Quand se passe cette histoire ? Est-ce que c'est toujours le lundi ? On ne sait pas, peut-être… mais cela voudrait dire que la famille Cachou fait beaucoup de choses en une seule journée !

3. Activités

a. Mise en situation : faire mimer en écoutant la bande son, faire jouer chaque partie et trouver un titre à l'histoire.

b. Les lieux : faire dessiner chaque lieu (*les 2 boutiques, la piscine, le jardin, le zoo et le cirque, une rue*). Cela servira pour le dictionnaire (boîte *"Qu'est-ce que c'est"*), pour mettre en évidence le genre de ces mots (un, une, le, la…) et aider à l'utilisation des partitifs et à jouer à "l'histoire en puzzles".

c. Les personnages et les animaux : faire la même chose avec les personnages en les faisant illustrer dans une situation "ça va" et une situation "ça ne va pas". Cela servira à vérifier la prononciation de [ʃ] et [ʒ] ainsi que de [u], [y] et [i], à fixer l'expression "*ça va/ça ne va pas*" à utiliser les qualificatifs et leur genre, à reprendre les couleurs et les formules de présentation et à jouer après. Sélectionner les dessins pour les boîtes "*Qui est-ce ?*", "*Qu'est-ce que c'est ?*" et "*Qu'est-ce qu'il dit ?*". C'est l'occasion de faire travailler en équipes afin de partager ce qu'il y a à faire et de confronter, ensuite, les différentes productions.

d. L'histoire en puzzles : mettre les enfants en cercle. Prendre toutes les fiches dessinées en les mélangeant. À tour de rôle, un enfant prend au hasard une fiche, la présente et la met soit au tableau soit sur une grande feuille posée au centre. Il s'agit de reconstituer l'histoire, scène par scène, mais le hasard va bien bousculer les choses ! Dès que tous les éléments d'une des scènes (parties) de l'histoire sont réunis, celui qui aura apporter le dernier élément doit raconter la scène (dans un premier temps, peut-être, en répondant aux questions *Où est-ce ? C'est quand ? Quels sont les personnages ? Que se passe-t-il ? Qu'est-ce qu'ils font ? Qu'est-ce qu'ils disent ?*). Quand toutes les scènes sont reconstituées, on retrouve l'ordre chronologique de l'histoire.

– On peut procéder de la même façon, mais chaque enfant dessine un des éléments au choix, le suivant doit compléter avec un autre élément mais cette fois-ci en devant tenir compte de ce qui a été fait par le joueur précédent. Le dernier doit présenter la scène.

– Autre façon de procéder : réenregistrer les différentes parties de l'histoire dans le désordre : les enfants doivent retrouver les éléments (soit avec les fiches, soit en dessinant) et on remet en ordre ensuite. On peut s'amuser encore plus, en mélangeant complètement les énoncés pour devoir retrouver et reconstituer ensuite chaque partie.

– L'activité de la page 64 sera, alors, d'une facilité merveilleuse !
– Une des formules choisie sera enregistrée sur la cassette de la classe et illustrée sur le panneau jaune de référence.

+ Suggestions

a. Jeux des 7 familles : faire des cartes de la famille Cachou pour continuer au jeu des 7 familles. Faire de nouvelles cartes avec les animaux, tous les animaux connus depuis le magazine 1 : la famille souris, perroquet, lion, chien, chat… et on peut même différencier les familles chat et chien maintenant ! Nous avons plusieurs modèles !

b. Le petit chaperon rouge : raconter "le petit chaperon rouge"… et le lire aussi en français ! On ne comprend pas tout, ce n'est pas grave, on peut, au moins, retrouver le moment illustré dans l'histoire ! Est-ce qu'il y a la même histoire en langue maternelle ? Qu'est-ce qui est pareil ? Qu'est-ce qui n'est pas pareil ?

c. Et chez nous ? : comparer les lieux publics présentés dans l'histoire avec ce qui existe dans le pays. On peut même utiliser cette comparaison pour inventer une autre histoire sur le même schéma.

d. Les panneaux d'interdiction : faire des panneaux d'interdiction en reprenant des formes négatives de la même façon que l'interdiction aux chiens d'entrer, interdiction de manger, de dormir, de regarder, d'écouter… Une autre façon amusante d'établir des consignes, un code de la classe aussi !

Magazine 3 ▶ Labyrinthe

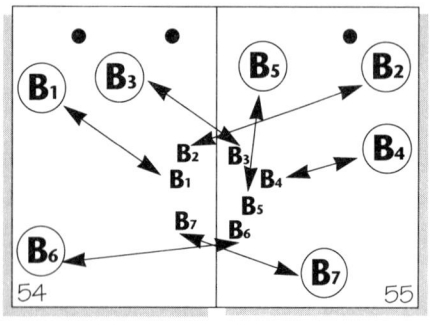

GRAMMAIRE
au, à la – du, de – aller
faire { au présent
{ pluriel
nous, vous, ils, elles
Qui va être attrapé ?
Qui est attrapé ?

1. Regarder

a. Faire retrouver d'abord les repères et le type d'activés. ***Qu'est-ce que vous faites ?***

b. Faire observer les 2 pages. ***Qu'est-ce que vous voyez ?*** Les enfants devraient rapidement comprendre ce qui est présenté : ***un labyrinthe***. Donner le mot en français : ***regardez en haut, c'est le titre***. Rappeler ce que l'on fait dans ce genre d'activités : suivre les chemins. Il y a des obstacles, donc on ne peut pas arriver dans certaines cases. Et là, qui va essayer d'attraper qui ? C'est le loup dont la maison est au milieu.

c. Faire chercher le nombre de situations présentées tout autour du labyrinthe (7). Laisser les enfants retrouver. ***Souvenez-vous de l'histoire et des autres magazines, vous regardez les personnages. Qu'est-ce qu'ils font ? Où sont-ils ? : une fille est au jardin*** (B1) ; ***une fille avec un cartable est à côté d'une école*** (B2. Faire remarquer l'écrit) ; ***on voit 2 filles*** (B5) ***on ne sait pas ce qu'elles font ; un garçon est sur un vélo*** (B2, donner "vélo", comme dans la cave de la maison p. 47) ; ***un garçon et une fille sont devant un zoo*** (B4, on retrouve l'écrit) ; ***2 personnages dessinent, colorient*** (B7) et ***2 garçons jouent, on voit un ballon*** (B6).

d. De la même façon, faire observer le loup : on voit la maison au milieu, on voit le loup qui sort (B1), qui se lève (B2), qui met sa chemise (B3), qui met son pantalon (B4), qui met ses chaussettes (B5), qui met ses chaussures (B6), qui met son pull (B7). Et on voit le loup, aussi, qui marche sur un des chemins (B8).

Donc, le loup va vouloir sûrement attraper un des enfants. Les enfants ont, peut-être, déjà cherché les chemins possibles et trouvé qui va être attrapé. Nous verrons après.

2. Écouter

a. <u>Livre fermé</u>, faire écouter la bande son dans son intégralité.

Durée 3 minutes 44 secondes

MA **A**	* <u>L'animatrice</u> : pages 54 et 55, il y a un labyrinthe. Vous savez ce que c'est ?
B₁	* <u>Enfants</u> : Prom'nons-nous dans les bois. Pendant que le loup n'y est pas. Si le loup y était, il nous mangerait. Mais comme il n'y est pas. Il nous mangera pas. Loup y es-tu ? Entends-tu ? Que fais-tu ? <u>Loup</u> : Aujourd'hui, je dors et toi où vas-tu ? <u>Pauline</u> : Je vais au jardin. <u>L'animatrice</u> : Vous cherchez Pauline au jardin * ? Psst... en haut, à gauche, page 54. Et vous cherchez le loup qui dort.
B₂	* <u>Enfants</u> : Prom'nons-nous dans les bois. Pendant que le loup n'y est pas. Si le loup y était, il nous mangerait. Mais comme il n'y est pas.

Il nous mangera pas.
Loup y es-tu ? Entends-tu ? Que fais-tu ?
<u>Loup</u> : Je me lève et Fabien, lui, que fait-il ?
<u>Pauline</u> : Fabien, il fait du vélo.
<u>L'animatrice</u> : Vous cherchez Fabien sur son vélo ? *
Psst... à droite, page 55.
Et vous cherchez le loup qui se lève.

B₃	* <u>Enfants</u> : Loup y es-tu ? Entends-tu ? Que fais-tu ? <u>Loup</u> : Je mets ma chemise et Pauline, elle, que fait-elle ? <u>Fabien</u> : Pauline, elle va à l'école. <u>L'animatrice</u> : Vous cherchez Pauline devant l'école ? * Psst... tout en haut. Et vous cherchez le loup qui met sa chemise.
B₄	* <u>Enfants</u> : Loup y es-tu ? Entends-tu ? Que fais-tu ? <u>Loup</u> : Je mets mon pantalon et vous, Fabien et Pauline, où allez-vous ?

VOCABULAIRE	PHONÉTIQUE	COMMUNICATION	PAGES JEUX
les vêtements le foot la danse aujourd'hui je mets attrapé	[p] / [b] [f] dans prénoms	dire où l'on va ce que l'on fait *je vais à, au* *je fais du, de*	**p. 66** Fabriquer une garde-robe. Jouer en équipes.

B₅	Fabien + Pauline : Nous, nous allons au zoo. L'animatrice : Vous cherchez Fabien et Pauline devant le zoo ? * Et vous cherchez le loup qui met son pantalon. Et après vous cherchez seuls, ah oui, tout seuls. * Enfants : Loup y es-tu ? Entends-tu ? Que fais-tu ? Loup : Je mets mes chaussettes et vous, Pauline et Sabine, que faites-vous ? Pauline + Sabine : Nous, nous faisons de la danse.*
B₆	* Loup : Je mets mes chaussures et Fabien et Philippe, eux, que font-ils ? P + S : Eux, ils font du foot !*

B₇	* Loup : Je mets mon pull et Pauline et Sabine, elles, où vont-elles ? Que font-elles ? Fabien + Philippe : Elles, elles vont à la maison et font de la peinture et toi ?
B₈	Loup : Attention, j'arrive ! Enfants : ooouuuh !...
C	L'animatrice : Qui va être attrapé ? Qui est attrapé ?

Qu'est-ce qu'on reconnaît ? Sûrement la chanson de la couverture mais ce n'est pas tout à fait pareil. En plus l'animatrice a une drôle de voix par moments. Pourquoi ? Certains ont-ils déjà trouvé qu'elle nous aide parfois ? Reprendre la bande son, livre ouvert. Qu'est-ce qui se confirme ? À quel moment, l'animatrice ne nous aide plus ? A-t-on repéré les personnages ?

b. Reprendre chaque partie de la bande son en laissant les enfants mettre en relation les situations des personnages et celles du loup. Est-ce que les bruits ont permis de trouver plus rapidement ? Est-ce qu'on s'est aperçu quand les enfants ne chantent que la dernière phrase de la chanson (à partir de B3) ? et qu'on entend toujours les oiseaux quand on interroge le loup ? Et à quel moment l'animatrice ne nous aide plus (B4) et nous laisse, seuls, chercher (B5). A-t-on bien repéré les personnages même si, parfois, Pauline a des cheveux différents (rouges sur B1 et B2 et jaunes sur B5, B4 et B7). Si Sabine a une casquette sur B7 et si Fabien change de casquette sur B4 ! Laisser répondre à l'animatrice. C'est bien **Pauline au jardin** (B1) **et à l'école** (B3) qui est attrapée et **Fabien et Philippe** (B6) **qui peuvent être attrapés aussi**, c'est-à-dire toutes les situations de la page de gauche.

3. Activités

a. Les lieux et activités (*aller au, à faire de la, du*) : expliquer qu'avec un nom masculin (avec "*un, le*") on utilise "***aller au, faire du***" (on n'entrera pas dans les exceptions) et avec "*une, la*", on utilise "***aller à, faire de***". Reprendre les fiches des lieux de l'histoire et faire dessiner celles de "la danse, le vélo, le foot". Tirer au sort une fiche de chaque et demander de trouver l'énoncé correspondant. On prendra ensuite des fiches de personnes afin de faire varier le verbe tant au singulier qu'au pluriel. Prendre d'autres situations et faire de même : *à l'école, je fais de la peinture, du coloriage, du français...* Faire une illustration avec un personnage ou plusieurs. Enregistrer les productions sur la cassette de la classe et illustrer sur le panneau jaune. On pourra jouer de la même façon que pour le puzzle de l'histoire (cf. p. 72).

b. Les vêtements : faire les fiches pour le dictionnaire. Distribuer une feuille avec plusieurs personnages et les enfants doivent dessiner au fur et à mesure les situations proposées : *il met son pantalon, elle met sa jupe...* Faire retrouver les vêtements de la famille "pâte à sel" (p. 39). Faire l'activité p. 66.

c. Notre labyrinthe : faire inventer, par équipes, un nouveau labyrinthe avec de nouvelles situations. On échange et on joue... et on enregistre. On pourra reprendre avec les jours de la semaine "*aujourd'hui, samedi, je vais au jardin. Je mets mon pull...*"

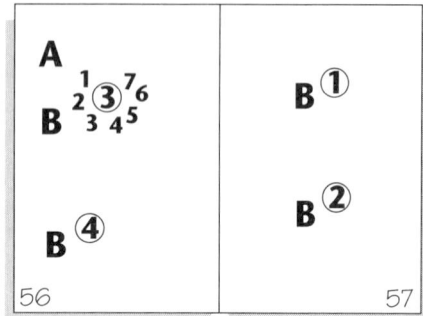

Magazine 3   ● Au jardin

COMMUNICATION
j'ai mal au, à la...

PHONÉTIQUE
1. [wi] [kwi] [je]
2. [u]/[y] [kʀ]
3. Groupes consonantiques [tʀ]; [bʀ], [ɑ̃], [ɛ̃]

1. Regarder

a. Nous retrouvons beaucoup de choses au jardin ! Et nous pouvons, dès l'observation, réemployer aussi beaucoup de choses ! *Vous regardez bien et vous cherchez tout ce que vous connaissez. Attention, souvenez-vous bien ! Et vous cherchez de nouvelles choses ! Vous cherchez par équipes.* Laisser un temps donné durant lequel chaque équipe va préparer ce qu'il faudra dire ensuite. Quelle équipe va se souvenir du plus grand nombre de choses ?

b. Le temps imparti écoulé, toutes les équipes présentent leur préparation... les autres devant bien écouter car il ne faudra pas répéter les mêmes choses. On ne donnera que ce qui a été oublié par les équipes précédentes. *Attention, vous écoutez bien. Vous ne répétez pas après une équipe. Vous ne dites pas les mêmes choses.* Est-ce que tout le monde a trouvé :

– les personnages ? la famille Cachou et Karima (B2) et Julo et Chouli ; le gardien de l'histoire page 51.
– les actions ? *les enfants sautent à la corde* (B1) *comme dans la cour de récréation dans le magazine 1 page 12. Est-ce qu'ils récitent "Le Palais Royal" ? Les enfants qui récitent "Elle, comment s'appelle-t-elle ?"* (B4) *comme dans la chambre de Nicolas dans le magazine 2 page 34 ; la petite fille qui fait du toboggan comme Karima dans l'histoire du magazine 3 page 51 ; le gardien qui n'est pas content qui dit "vous ne pouvez pas, on ne peut pas. C'est interdit". Il parle aux enfants qui sont sur "la pelouse interdite" ; un garçon qui fait du vélo, un autre garçon qui fait du patin à roulettes ; une petite fille qui joue à la balle ; un enfant qui compte, on voit une bulle avec un nombre.*

Est-ce que des enfants ont remarqué les bulles au-dessus des têtes de M. et Mme Cachou, qu'est-ce que cela veut dire ? *C'est comme au cirque.* Ce que font les enfants sur le manège qui montrent différentes parties du corps, *comme Karima dans l'histoire* quand elle s'est fait mal... ? *Ça va ou ça ne va pas ?*

Quelle équipe a trouvé le plus de choses ? Quelle est celle qui a bien suivi les consignes et n'a pas répété 2 fois la même chose ?

2. Écouter

a. <u>En regardant sur le livre</u>, on écoute la cassette.

Durée 2 minutes 56 secondes

MA₄ A	* L'animatrice : Pages 56 et 57, nous allons au jardin.*
B	1 * [Bonbons, biscuits] cf. p. 95 2 * [Roudoudous...] cf. 95 <u>Homme</u> : Tenez-vous bien les enfants, le manège va partir. 3 * [À l'école, le lundi...] cf. p. 95 4 * [Elle, comment s'appelle-t-elle...]
C	* <u>Gardien</u> : On ferme... Le jardin ferme...

Est-ce que chaque équipe peut, déjà, retrouver les illustrations des comptines et/ou trouver les choses nouvelles ? Qu'est-ce qui n'est pas pareil, qu'est-ce qui a changé par rapport à ce qui avait été trouvé précédemment ? Qu'est-ce qui a aidé à trouver, à retrouver ?

b. Reprendre chaque partie : dans (B1), on saute à la corde et cela va de plus en plus vite. Il va donc y avoir une règle pour jouer. Expliquer "*biscuits*" (petit gâteau sec), "*achetez et payez*". Dans (B2), c'est une petite comptine pour pousser quelqu'un sur une balançoire c'est sans doute ; Karima qui la chante, et qui est Lustucru ? un personnage de chanson française (le père Lustucru, un cuisinier qui veut manger le chat de la mère Michel) qui, sur l'image, est repré-

pages 56 57

VOCABULAIRE	REPRISE POSSIBLES DANS AUTRES PAGES	PAGES JEUX
des biscuits *achetez, payez, sortez* *les parties du corps (tête, bras, jambes, ventre, mains)* *une tortue, un cochon, une moto, le bal* *les nombres → 60* *aujourd'hui*	1. Bonbons, biscuits............p. 60, 62, 65, 68, 70 2. Roudoudou.................................p. 62, 65, 70 3. À l'école, le lundi ....p. 61, 62, 65 4. Elles, comment s'appellent-elles ? 5. Pierre appelle Paul ....p. 60, 62, 67, 70	**p. 65** la toupie des promenades

senté par le garçon qui tire *deux tortues* ! On comprend pourquoi *M. et Mme Cachou ne comprennent pas* et pourquoi *Gilles n'est pas content* : on a pris leur nom de famille pour faire la comptine. Dans (B3), on retrouve *les 7 jours de la semaine*... et les 7 personnages, les 7 enfants qui ont mal, chacun, a une partie du corps, c*omme Karima dans l'histoire "J'ai mal à la jambe"*. Et il faut bien tenir sur le manège. Est-ce que les manèges sont tous comme celui-ci ? *Et vous souvenez-vous de "Lundi matin, ma mère..."* ? Et pour (B4), on ne s'était pas trompé, c'est la même comptine que dans le magazine 2 mais, très vite, on ne l'entend plus. Il va sûrement falloir faire autre chose. Mais on n'a rien entendu pour la bulle avec le nombre. C'est le même nombre que celui de la page : *c'est 56*. Avec quel jeu on apprend à compter ? Avec *"Pierre appelle Paul"*. Bravo !

3. Activités

a. Bonbons, biscuits : on joue à la corde. On fait tourner la corde et on doit entrer sur "*entrez*", tout le monde chantant la comptine. On chante de plus en plus vite, la corde tourne de plus en plus vite. On a gagné, si on n'a pas marché sur la corde après 5 répétitions de la comptine. On sera attentif à la prononciation de "**biscuits**", [kwi], surtout quand on récite très vite. Faire illustrer les 4 situations.

b. Roudoudous : des "*roudoudous*" sont des bonbons encore ! C'est une terminologie enfantine pour désigner une sorte de caramel coloré, coulé généralement dans des petites boîtes en bois ou des coquillages. Faire écouter plusieurs fois la comptine et la faire apprendre. On la récite en dialogue, en situation : un enfant posant les questions, plusieurs répondant aux énoncés au pluriel et un autre répondant pour *Lustucru*. On ralentit sur "*tortue*" car c'est un animal très lent bien sûr ! Bien insister sur le [u] et [y], l'intonation montante de l'interrogation. Faire illustrer.

c. À l'école, le lundi : cette comptine développe la reprise des jours de la semaine et le rythme scolaire d'une semaine d'un écolier français, les parties du corps et l'expression *"j'ai mal"*. On retrouve les enfants sur certains animaux connus (*cheval, lion, éléphant*) et un autre de dos (*le cochon*) et *sur une moto* et *dans une voiture* et *dans un avion*. Est-ce que l'enfant qui dit "*56*" a attrapé 56 fois le pompon ? Où en est-il au tour 56 ? Faire remarquer, après plusieurs écoutes de la comptine, que certains jours on entend la maîtresse et d'autres, on n'entend que les enfants. Expliquer le rythme hebdomadaire d'un écolier français (cf. p. 68). Reprendre le calendrier et comparer avec les jours d'école dans le pays. Faire la semaine d'un écolier français pour mettre sur le panneau jaune. Demander à un enfant de venir dessiner au tableau les parties du corps au fur et à mesure de leur apparition dans la comptine. Demander ensuite de colorier en rouge les endroits où les enfants ont mal. Faire retrouver sur le livre les mêmes enfants sur le manège. Lequel d'entre eux est content mais n'illustre pas la comptine (*le 7 : je suis au lit*). Faire réciter en distribuant des rôles : celui qui donne les jours de la semaine, la maîtresse, les enfants malades. On enregistre sur la cassette de la classe. Faire les fiches pour le dictionnaire des parties du corps. Faire l'activité p. 65.

d. Elle, comment s'appelle-t-elle ? Reprendre la comptine du magazine 2. Construire, avec les enfants, la même chose en prenant les formes pluriel : *Elles, comment s'appellent-elles ? Adèle, Estelle. Bonjour, mesdemoiselles. Eux, comment s'appellent-ils ? Basile, Cyril. Bonjour messieurs Basile et Cyril. Nous, comment nous appelons-nous ? Roudoudous. Bonjour mesdames Roudoudous. Vous, comment vous appelez-vous ? Doudourous (ou choulichou). Qui dit mieux ? Au revoir mesdames, messieurs.* Laisser les enfants trouver les coupures syllabiques et le jeu de mains correspondant... Quand tout sera au point on enregistre sur la cassette de la classe.

e. Pierre appelle Paul : reprendre le jeu avec les nombres jusqu'à 60.

+ Suggestions

Faire écouter la chanson de la *Mère Michel*, une autre façon d'entendre du français comme pour "*le petit Chaperon rouge*".

Magazine 3 — Le pique-nique

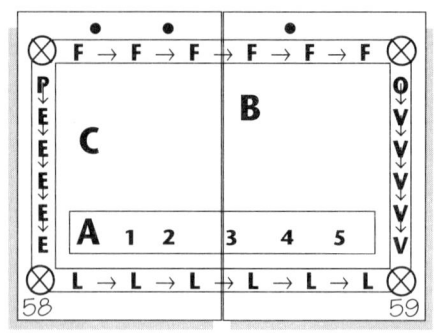

COMMUNICATION	VOCABULAIRE
J'aime beaucoup…	un pique-nique, une assiette, une fourchette,
J'adore…	un couteau, un verre, un plat, une casserole,
Je n'aime pas…	des fruits, des légumes, des œufs (un œuf),
Qu'est-ce que tu veux ?	la viande, le poulet, le jambon, le poisson,
Je voudrais…	le fromage, le gruyère, la confiture, le chocolat,
suivre un chemin :	le beurre, le sucre, le sel,
avance, recule, tourne	la place, le chemin,

1. Regarder

a. Encore une double page qui indique, immédiatement, le sujet : **on mange !** Les enfants retrouvent-ils la situation de la page de couverture : *souvenez-vous bien ! Où avez-vous vu une image pareille, à quelle page ? Mais là, il y a d'autres personnages. Qui voyez-vous ? Qui reconnaissez-vous ?* Laisser les enfants retrouver les membres de la famille Cachou ainsi que Karima… et les chiens. Le geste de madame Cachou semble dire, encore, que c'est interdit ! *Et Gilles, est-ce qu'il est content ?* Il n'a pas l'air. *Et les 3 personnages, sur la page 58, à gauche, qu'est-ce qu'ils font ?* Ils jouent. Il y a autre chose aussi : un drôle d'animal dans le grand rectangle jaune. *C'est une fourmi* (donner le nom). *Sur quoi est-elle ?*

Est-ce que les enfants émettent, déjà, des suggestions en observant tous les aliments : sur les boissons ⊗, sur les légumes en bas (L), sur les fruits en haut (F), sur les œufs (O), les viandes (V) et le poisson à droite, sur le pain (P) et les produits d'épicerie (E) à gauche ?

b. Les repères une fois reprécisés, les consignes du Mémo nous indiquent que nous allons sûrement chanter.

2. Écouter

a. <u>Livre ouvert</u>, faire écouter la bande son.

Durée 3 minutes 10 secondes

MA_s	* L'animatrice : Ah… pages 58 et 59… on mange… Hum, j'ai faim et j'aime beaucoup les pique-nique.* La famille Cachou aussi. [Chanson "Mandoline" cf. p. 95]
B	* <u>Juliette</u> : Est-ce que je peux prendre du pain et du fromage ? <u>Mme Cachou</u> : Oui, prends du gruyère. <u>Gilles</u> : Pouaaah… j'aime pas la salade. <u>Karima</u> : Moi, j'adore. Donne. <u>M. Cachou</u> : Qu'est-ce que tu veux Gilles ? <u>Gilles</u> : Ben, je voudrais du gâteau au chocolat s'il te plaît.* <u>L'animatrice</u> : Et vous, que voulez-vous manger ? Que voulez-vous boire ?
C	* <u>L'animatrice</u> : Après un bon repas, jouons. <u>Fille</u> : Alors, tu as bien vu ? <u>Garçon</u> : Oui, oui, je suis prêt. <u>Fille</u> : Avance à droite… tout droit… à gauche. Recule… Attention, il y a une bouteille… Continue… à droite… il n'y a pas de bouteille… Tourne… devant, à gauche.

Qu'est-ce qui a aidé à confirmer beaucoup de choses ? *Qu'est-ce qui vous a aidé ?*

b. Reprendre chaque partie de la bande son en regardant les illustrations correspondantes :

– Partie (A) : expliquer *"pique-nique"* et *"beaucoup"*. *Et vous, est-ce que vous aimez les pique-nique ? Est-ce que vous aimez beaucoup les pique-nique ?* Montrer au fur et à mesure de la chanson, *l'assiette, la fourchette, la cuillère, le gruyère, le verre. On ne voit pas Mandoline, la petite fourmi qui mange le dessert.* Expliquer que *le gruyère est un fromage* et ce qu'est *le dessert*.

– Partie (B) : montrer *le pain* (P) et *le fromage* (à gauche, en dessous du pain ainsi que dans le rectangle jaune avec Mandoline), *la salade* (en bas, deuxième L en partant de la gauche), *le gâteau au chocolat sur la nappe. Qu'est-ce qu'il y a aussi sur la nappe ? une pomme* (en haut, troisième F en partant de la gauche), sans doute *du poulet* (à

pages 58 59

REPRISE DE LA LOCALISATION	GRAMMAIRE	PAGES JEUX
beaucoup *une bouteille* *un sirop* *l'eau, le lait, un jus d'oranges* *jusqu'au bout* *le premier, le deuxième, le troisième*	partitifs (du, de) il y a, il n'y a pas de	**p. 67, p. 68** le jeu des différences et le chemin à suivre ce qu'on aime, ce qu'on n'aime pas

droite, deuxième V en partant du haut). *Il y a une bouteille pour boire*, peut-être *du jus d'orange* (⊗ en bas à gauche). *Il y a aussi des verres et des assiettes. Qu'est-ce que veut Juliette ? Qu'est-ce que veut Karima ? Gilles ? Qu'est-ce qu'il ne veut pas ?*

– Partie (C) : expliquer "*un bon repas*". *Qui parle ? Qui joue ? Et l'autre garçon qu'est-ce qu'il fait ? Il met des bouteilles sur l'herbe.*

3. Activités

a. La chanson : après avoir écouté plusieurs fois la chanson pour trouver le nombre de couplets et combien de fois revient le refrain, expliquer brièvement les termes "*tes antennes*", "*ma petite reine*" (expression de sympathie, ce qui est surprenant parce que d'habitude on chasse les fourmis, on ne veut pas être piqué), "*Tu te carapates*" (terme un peu familier pour "partir vivement, s'enfuir"), "*visiter*" (venir voir comme les invités… mais est-elle invitée ? on visite un château aussi), "*escalade*" (monte, grimpe). On retrouve des expressions de localisation (*dans, sous, au fond de*). Faire trouver les mots qui se terminent pareil : *assiette/fourchette – antennes/reines – pattes/carapate – cuillère/gruyère/verre/dessert*. Sans insister, montrer le sens différent de **vert/verre** : *un mot qui se prononce comme un "verre" mais il ne veut pas dire la même chose. C'est une couleur.* En conclusion, c'est une chanson qui rend très sympathique la fourmi ? *Et vous, est-ce que vous aimez les fourmis maintenant ?* Faire les fiches pour le dictionnaire des ustensiles auxquels on pourra ajouter "*un plat*"… comme celui qu'utilise Nicolas pour préparer la pâte à sel ! et "*une casserole*"… comme celle de la cuisine de la famille Mélodie. Et "*un couteau*" pour couper tout cela, bien sûr !

b. Les aliments : montrer le classement fait par le dessin : les fruits, les légumes, les œufs, les viandes et le poisson, et les autres produits, plus difficiles à classer dans un groupe unique. Faire chercher tout ce qui se trouve facilement et ce qu'ils préfèrent. Donner le nom en français au fur et à mesure. Les fruits : de gauche à droite, *deux cerises, une cerise, une banane, une pomme, une orange, un citron, une fraise. Les légumes, de gauche à droite : une tomate, une salade, une carotte, une pomme de terre et un concombre. À droite, de haut en bas : un œuf, des œufs* (attention à la prononciation [œf], [zø]), *la viande, le jambon, le poulet, le saucisson, le poisson. À gauche, de haut en bas, le pain, le fromage* (ou *le gruyère*), *la confiture, le chocolat, le beurre, le sucre, le sel, les boissons : l'eau, le lait, le jus d'oranges, le sirop de fraises et la farine (pâte à sel), vous vous souvenez !* Reprendre l'utilisation des partitifs (du, de). Faire préparer par équipes plusieurs petites saynètes sur le modèle de celle de la bande son. Chaque équipe vient jouer et les autres dessinent les aliments cités. On enregistre sur la cassette de la classe et on met une illustration sur le panneau jaune. Faire les fiches pour le dictionnaire. Faire l'activité page 68.

c. Le jeu : le jeu consiste à donner un chemin en signalant des obstacles qu'il ne faut pas renverser si on ne veut pas être éliminé. Mais on peut faire des pièges : dire qu'il y a un obstacle… alors qu'il n'y en a pas ! ou inversement… et faire perdre le joueur. Après l'explication de la règle du jeu, jouer en reprenant les indications de la bande son. Faire préparer, par équipes, d'autres chemins. Quelle équipe a le plus réussi ? On peut aussi enregistrer des parcours et les tracer sur une feuille au fur et à mesure. Faire l'activité p. 67.

✚ Suggestions

a. Jeu de Kim : faire un jeu de Kim avec les aliments, les ustensiles.

b. Pâte à sel : faire faire les aliments en pâte à sel à la maison, pour mieux jouer au jeu de Kim par exemple… ou à la marchande ultérieurement.

Magazine 3 ▷ Combien de bonbons ? page 60

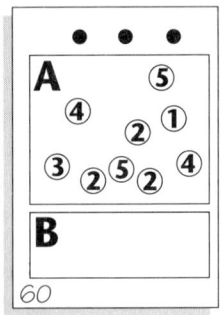

COMMUNICATION	VOCABULAIRE	PAGES JEUX
bonjour, au revoir Merci beaucoup. s'il vous plaît Qu'est-ce que vous voulez ? combien ? je voudrais, je veux	les bonbons, un bonbon à… au… un caramel, une sucette, la guimauve, la monnaie, les nombres, → 60, faire une addition (plus, égal, on retient) beaucoup de, un peu de, gourmand(e)	**p. 67** relier les nombres pour découvrir un dessin

1. Regarder

a. Voilà les bonbons annoncés depuis longtemps… et il y en a 60 exactement ! Laisser les enfants compter les bonbons, éventuellement retrouver des bonbons qu'ils connaissent, en tout cas, les enfants français mangent surtout ces bonbons… *ils ne mangent pas beaucoup de cachous* (assez amers) donc il n'y en a pas sur la photo. Mais il manque autre chose aussi… *des roudoudous !*

b. Les consignes de Mémo nous indiquent que nous allons découvrir une comptine ou une poésie, que nous allons compter et jouer… d'ailleurs, le dessin en bas de la page le montre. Dans ce magazine, nous retrouvons, avant la fabrication, le triangle bleu. Qu'allons-nous faire ?

2. Écouter

a. <u>Livre ouvert</u>, faire écouter la bande son.

Durée 1 minute 40 secondes

MA₃ A	* L'animatrice : Page 60. Oh ! une page "gourmande"…oui, je suis gourmande. Et vous ? Hum ! les bonbons, j'adore. Les bonbons à la fraise, les caramels, les carambars*, la guimauve, les sucettes*, ah j'arrête ! Et combien de bonbons voulez-vous ?
B	Un petit jeu pour compter ? D'abord souvenez-vous ? [rappel "bonbons, biscuits"] Maintenant, écoutez. <u>Garçon</u> : Entrez, entrez, bonjour madame. Qu'est-ce que vous voulez ? <u>Fille</u> : Je voudrais des caramels, s'il vous plaît. <u>Garçon</u> : Mais oui madame, combien en voulez-vous ? <u>Fille</u> : 60. <u>Garçon</u> : Payez. Sortez. Au revoir madame. Merci beaucoup. <u>L'animatrice</u> : Et après, vous récitez et vous jouez.

Alors, êtes-vous gourmands vous aussi ? Expliquer *"gourmande"* (sens et genre). *Avez-vous trouvé les bonbons que l'animatrice adore ? Qu'est-ce qui vous a aidé ?*

b. Reprendre la partie (A) de la bande son et retrouver les bonbons sur la photo : **les bonbons à la fraise ①, les caramels ②, les carambars ③** – une sorte de caramels plus durs –, **la guimauve ④, les sucettes ⑤**. On peut donner aussi les *chewing-gums (pâte à mâcher)* 5, *les malabars* (très appréciés des enfants français). De préférence, apporter des bonbons en classe… cela aide beaucoup à la compréhension, la pâte à sel serait frustrante dans cette page !

3. Activités

a. <u>Les bonbons</u> : si les enfants ont réussi à en dénombrer 60, c'est très bien ! Demander de faire des associations afin de faire des additions : bonbons avec du papier (13), les sucettes (3), les caramels (10), la guimauve (3), bonbons dans une boîte (1), bonbons sans papier, de couleurs (30). On écrit les quantités au tableau et **on compte, on fait une addition en français : 3+3=6+3=9+1=10, on écrit 0 et on retient 1. 1+1=2+1=3+3=6. Cela fait 60 !** Aux équipes de préparer des associations/additions en utilisant : **il y a 13 bonbons rouges, il y a 4 bonbons verts… Combien y a-t-il de bonbons dans la boîte ?**… On enregistre et on illustre sur le panneau de référence, sans oublier les boîtes du dictionnaire !

b. <u>Le jeu avec la comptine</u> : faire apprendre la comptine (partie (B) en mettant en situation 2 enfants qui peuvent changer le nombre… et les bonbons ! Après, **on joue à la marchande.** Faire préparer des situations, comme celle de la comptine, en utilisant et faisant varier les <u>formules de salutation, de politesse, d'expression de la quantité et de ce que l'on veut.</u> Préparer sur des morceaux de papier "*la monnaie*" avec des **10**, des **5** et des **1** uniquement. Chaque équipe est représentée par un (ou une) marchand(e). À tour de rôle, un membre de chaque équipe vient acheter et paye, jamais en donnant le compte exact. Le premier marchand qui rend correctement la monnaie fait gagner un point à son équipe. Faire utiliser des nombres entre 20 et 60. Le prix à payer est toujours équivalent au nombre annoncé : 55 caramels = 55 francs.

Magazine 3 ✺ Le bonhomme sandwich page 61

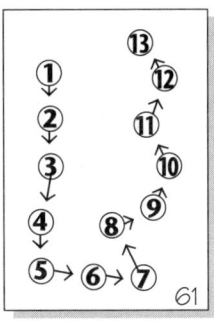

VOCABULAIRE	GRAMMAIRE	COMMUNICATION	PAGES JEUX
une recette, un vrai repas salé, sucré bon appétit, avec quoi ? reprise des aliments des parties du corps, les cheveux, les yeux, les oreilles, le nez, la bouche	reprise des partitifs	reprise des expressions de la préférence, d'un état	**p. 66, p. 69** le domino

1. Regarder

Une fois de plus, on comprend vite et on continue à être gourmand ! Les enfants repèrent-ils, très vite, *le bonhomme* et quelques aliments ? Donner le titre. Mais quand mange-t-on des sandwichs ?

2. Écouter

a. <u>Livre ouvert</u>, faire écouter la bande son.

Durée 1 minutes 24 secondes

MA6 A	* L'animatrice : Dans la page "cuisine" page 61 une recette pour un pique-nique : le bonhomme-sandwich. Un vrai repas !*
B1	Il y a de la salade, de l'œuf*, de la tomate, du pain grillé*, du raisin, de la pomme*, des petits gâteaux, du gruyère, du beurre, du chocolat en poudre, des carottes, du jambon et des olives.
B2	Hum, j'ai faim. Qu'est-ce que tu préfères ? La tête, le ventre, les bras, les jambes ou les pieds ?

Est-ce que ce qui n'avait pas été trouvé précédemment est repéré maintenant ? *Et qu'est-ce qu'on boit ?* En tout cas, on entend le bruit des assiettes et quand on tartine quelque chose.

b. Reprendre la partie (A). Expliquer "*un vrai repas*" : dans un repas, on doit équilibrer ce qu'on mange. *Il y a ce qui est salé et ce qui est sucré. Et le dessert, c'est au début ou à la fin des repas ?* Faire retrouver sur l'image ce qu'on peut manger au début et à la fin. *Et vous, qu'est-ce que vous mangez ? Donnez un exemple de repas.*

c. Reprendre la partie (B1). Est-ce que les enfants ont vu le sens de la présentation de ① à ⑬ ? Quels sont les éléments que n'a pas présentés l'animatrice ? (*le pain, plus (+)... le beurre*, présenté lui ; *le morceau de chocolat* ; plus quelque chose qu'on ne voit pas... C'est écrit sous "jambon" : "ou viande"). Demander de retrouver chaque élément présenté en les énonçant dans le désordre : *Alors où est le chocolat en poudre ? Où sont les carottes ? Vous montrez la tomate... Et là, qu'est-ce que c'est ?...*

d. Reprendre la partie (B2). Faire repérer chaque partie du corps et avec quoi elle est constituée : *La tête est faite avec de la salade, de l'œuf, de la tomate et des olives. Les cheveux sont faits avec quoi ? Et les oreilles... Le ventre est fait avec du jambon, du gruyère et des carottes... Avec quoi sont faits les pieds ? Et les bras...*

3. Activités

a. Il s'agit, à partir de cette proposition, de reprendre tout ce qui concerne les aliments avec les expressions de la préférence, et le corps avec toutes les expressions d'un état (*j'ai faim, j'ai soif, j'ai mal*), et les vêtements et de réemployer les partitifs... et de manger bien sûr pour finir !

– Faire préparer, dessiner un bonhomme avec tout ce qu'on, aime, tout ce qu'on n'aime pas, qu'avec des aliments salés ou sucrés, qu'avec des fruits, des légumes, des viandes... chaque production sera présentée, enregistrée sur la cassette de la classe. On votera pour le repas préféré de toute la classe. On l'illustrera pour le panneau jaune. On pourra, aussi, écrire le nom des ingrédients sur son dessin comme sur la photo.
– Faire dessiner les différents repas.
– Faire inventer d'autres formes de sandwich : *la maison sandwich* par exemple.
– On pourra inviter une autre classe en leur préparant ainsi de drôles de sandwichs : *qui veut manger le pantalon ?* Le toit de la maison sucrée ?... *Et bon appétit !* (Formulation souvent donnée en France au début d'un repas.)

b. Faire <u>l'activité page 69</u>.

Magazine 3 Mémo   page 62

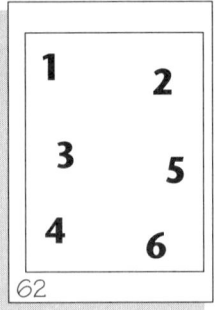

Est-il utile de rappeler aux enfants ce que l'on doit faire avec la page humour de Mémo ? Insister sur une bonne observation de celle-ci, certains éléments n'étant pas représentés. On s'appliquera, cette fois-ci, à retrouver précisément sur le livre toutes les pages faisant référence à ce qui est retrouvé et à réécouter les différents moments correspondants sur la bande son. Les outils de référence élaborés au cours de ce magazine (le panneau jaune et la cassette de la classe) seront souvent consultés pour confirmer nos recherches.

1. Regarder

Une fois de plus, il se passe de drôles de choses avec les amis de Mémo ! Faire remarquer le lieu : tout se passe au jardin. Quels sont les autres lieux dans lesquels nous nous sommes promenés et qui ne sont pas représentés *(la rue, la forêt, la campagne, la boulangerie, la librairie, le zoo, le cirque, le théâtre de marionnettes)*. On peut dire qu'il y a une piscine dans le jardin. Est-ce qu'on retrouve, déjà, des situations qui nous rappellent ce que nous avons vu dans le magazine 3 ?

Durée 59 secondes

MA₈ L'animatrice : Page 62. Mémo, le chat, s'amuse au jardin… et il y a aussi le jeu de l'escargot.

2. Écouter

Reprendre la chanson de Mémo et la chanson qui va avec une situation non représentée sur cette page : "Promenons-nous" (cf. page couverture).

3. Activités

a. Partie 1: reprendre la comptine "À l'école, le lundi", les parties du corps avec les expressions "*J'ai mal…*" et "*Ça va, ça ne va pas*".

b. Partie 2 : reprendre la chanson "Mandoline", les aliments, les repas, les expressions pour exprimer ce qu'on aime, ce qu'on préfère. Le gardien montre bien les expressions de l'interdiction… que l'on retrouve avec la pancarte "Pelouse interdite" en bas (6).

c. Partie 3 : reprendre la comptine réécrite avec "Eux, comment s'appellent-ils", les formules de présentation au pluriel, les vêtements ainsi que la qualification (*joli, beau, grand, petit, drôle…*).

d. Partie 4 : reprendre les expressions "*J'aime, je n'aime pas*" ainsi que celles pour suivre un chemin… Le "*recule*" n'est pas gentil pour ce pauvre chat !

e. Partie 5 : reprendre "Bonbons, biscuits", "Entrez, entrez madame", "Roudoudous…" ainsi que les expressions de la quantité et pour demander ce que l'on veut. On peut reprendre "Pierre appelle Paul" ou faire des additions pour compter jusqu'à 60.

f. Le jeu de l'escargot (6) : le plateau s'est-il transformé ? Le nombre de cases a-t-il augmenté ? Toutes les fiches du dictionnaire sont-elles réalisées ? C'est le moment de compléter et de faire les activités des pages jeux non encore exploitées et celle de la page 69 si elle n'a pas encore été faite.

Magazine 3   pages Jeux – Activités

1. Page 63 : page d'introduction

Procéder de la même façon que dans les magazines 1 et 2 : **regarder** la page et **trouver** ce qui est nouveau et écouter, d'abord livre fermé et ensuite livre ouvert, la bande son.

Durée 44 secondes

MA₈	Ah, dans les pages jeux du magazine 3, il y a 2 choses nouvelles. Regardez les numéros 10 et 11 : on fait en équipe et on décalque. Il faut aussi du nouveau matériel : un bouchon et une allumette (regardez le numéro 8) et du papier calque (regardez le numéro 9). Qu'est-ce que c'est ?

Apporter le nouveau matériel pour le montrer. Mettre sur le <u>panneau jaune</u> les 2 nouvelles consignes. Et on remarque que Mémo s'adresse à nous différemment : il ne parle plus à un seul enfant mais à plusieurs : *"vous"*.

2. Page 64 : remettre en ordre l'histoire

a. Regarder : faire trouver la nouvelle consigne (faire en équipe). Comment cela va pouvoir s'organiser ? On voit aussi que certaines situations ont été supprimées (l'interdiction aux chiens).

b. Écouter la bande son, <u>livre fermé</u>.

Durée 32 secondes

MA₉	Vous vous souvenez ? La famille Cachou ! Vous savez ce qu'il faut faire maintenant. Mais, page 64, il y a une nouvelle chose à faire. Vous savez ? Oui, vous faites en équipe. La première équipe qui raconte l'histoire a gagné.

Définir le travail en équipe : dans chaque équipe un enfant est responsable de colorier les personnages, un autre de retrouver dans les pages en couleurs, un autre de présenter les énoncés, un autre de présenter les lieux et les personnages.

c. Colorier, remettre en ordre et présenter : donner un temps limite au-delà duquel on ne pourra plus présenter le travail (à ce niveau, on donne un peu moins de temps que dans les autres magazines, même si l'organisation en équipes prend un peu de temps). La première équipe a-t-elle bien répondu aux consignes, bien présenté l'histoire ? Aux autres équipes d'apprécier et d'expliquer les raisons de leur accord ou de leur désaccord. Qui peut reprendre toute l'histoire ?

3. Page 65 : la toupie des promenades

a. Regarder : faire trouver les consignes et le matériel nécessaire. On va fabriquer quelque chose et jouer avec. Est-ce qu'on distingue, déjà, *les 2 ronds, les 2 cercles ?* Est-ce qu'on peut, déjà, retrouver les actions et les énoncés ?

b. Écouter, <u>livre ouvert</u>, la bande son.

Durée 39 secondes

MA₉	Page 65, on joue encore ! Avant, cherchez tout ce que vous connaissez. Quelle partie du grand cercle va avec la partie du petit cercle ? Après, fabriquez les roues. Collez bien le bouchon, hein ! Et vous jouez ! Écoutez la règle du jeu.

Mémo nous aide : il faut retrouver ce qui va ensemble. C'est un peu *comme le loto des contraires, vous vous souvenez ?*

c. Le grand cercle et le petit cercle : faire retrouver *le grand cercle (le grand rond, la grande roue) avec ses 8 cases*. Il faut utiliser *"aller"* pour bien retrouver tous les énoncés. Et pour *le petit cercle, avec ses 8 cases numérotées avec des lettres de l'alphabet*, il faut trouver ce qu'on fait dans les différents lieux repérés dans le grand cercle. *Mais, sur le petit* cercle, il y a des cases noires (b, d, p et u) : ce sont les cases "ça ne va pas" et il y a des cases blanches (c, g, t et w) : ce sont les cases "ça va". Laisser les enfants (et pourquoi pas continuer en équipes) retrouver les différents éléments. Bien fixer : *La case 1 (je vais* ou autre personne singulier ou pluriel *au zoo)* va *avec la case g : ça va, les singes mangent des cacahuètes ! La case 2 (je vais au cirque)* va *avec la case p ; ça ne va pas, le clown est sur le cheval mais il n'est pas dans le bon sens. La case 3 (je vais au théâtre de marionnettes)* va *avec la case t : ça va, nous écoutons l'histoire du loup et du petit chaperon rouge. La case 4 (je vais au jardin)* va *avec la case v : ça ne va pas, je fais de la balançoire, j'ai mal au ventre. La case 5 (je vais à la boulangerie)* va *avec la case w : ça va, je mange un gâteau et c'est bon ! La case 6 (je vais à la piscine)* va *avec la case b : ça ne va pas, je bois de l'eau dans la piscine. La case 7 (je vais à la librairie)* va *avec la case c : ça va, j'achète un album à colorier. La case 8 (je vais à la maison)* va *avec la case d : ça ne va pas, je fais de la peinture et c'est sale.*

d. Fabrication de la toupie : laisser regarder les étapes de la fabrication. Fixer ce qu'il faut faire (on pourra le faire enregistrer sur la <u>cassette de classe</u> par un enfant) : 1) *dessiner le grand cercle et les 8 parties, écrire le numéro de 1 à 8 dans chaque partie* ; 2) *faire la même chose avec le petit cercle, colorier en noir les parties b, d, p et u et écrire les lettres de l'alphabet* ; 3) *découper les 2 cercles* ; 4) *découper un bout du bouchon et faire un trou au milieu, coller le bouchon* ; 5) *mettre l'allumette au milieu du petit cercle et mettre dans le trou du bouchon. Le petit cercle peut tourner.* Laisser faire les enfants en reprenant plusieurs fois les étapes. Utiliser, de préférence, du carton un peu rigide. On peut s'arrêter là, mais pour que les enfants puissent jouer, sans le livre, on peut leur demander de dessiner un élément représentatif sur chaque partie du grand cercle (ils se souviendront mieux des énoncés) et faire de même sur le petit cercle. (On pourra coller sur les parties noires ou trouver une couleur différente pour faciliter le dessin.)

e. Le jeu : on joue 2 à 2 ou par équipes. À tour de rôle, on fait tourner le petit cercle. Quand il s'arrête, on doit donner les 2 parties. Si elles correspondent on a gagné 1 point. Exemple d'un point gagné : 2–p. Exemple d'un point perdu : 2–b. On a le droit à 10 tours chacun. Au bout des 10 tours, celui (ou l'équipe) qui a le plus de points a gagné… sans s'être trompé sur les énoncés bien sûr !

f. Sa toupie : on pourra demander aux enfants (ou par équipes) de préparer à la maison (ou en ateliers) d'autres situations. On pourra demander d'y ajouter *les jours de la semaine* en coloriant avec 1 couleur pour 1 jour, les cases du grand cercle. On pourra, alors, reprendre <u>les comptines et les chansons</u> s'y rapportant.

4. Page 66 : la garde-robe

a. Regarder : après avoir trouvé les consignes et le matériel, même si on a compris dans l'ensemble ce qu'il faut faire, à part le jeu, que constatons-nous ? Ce sont de drôles de vêtements, d'enfants d'abord. Ce sont des vêtements d'autrefois et des enfants d'autrefois. Est-ce que nous sommes comme cela maintenant ? Est-ce que les vêtements sont comme cela ? Ensuite, il y a des vêtements dont on ne connaît pas le nom (*une robe, un manteau, un chapeau, un bonnet*) et on ne voit pas des vêtements que nous connaissons (*une chemise, un pull…*). Mémo va-t-il nous aider ?

b. Écouter, <u>livre ouvert,</u> la bande son.

Durée 35 secondes

MA₉ Regardez page 66… Oh ils sont beaux ! Décalquez le garçon et ses vêtements. Décalquez la fille et ses vêtements. Fabriquez et coloriez avec les couleurs de votre équipe. Et jouez. Vous habillez le garçon et la fille de votre équipe.

À part "*coloriez avec les couleurs de votre équipe*" et "*habillez le garçon et la fille de votre équipe*", qui sont des informations supplémentaires, Mémo ne nous aide pas beaucoup !

c. Fabrication de la garde-robe : on décalque ce qui est présenté sur la page. On fait, sur des feuilles cartonnées, les gabarits des personnages et des vêtements. Mais on fait aussi la même chose avec des enfants d'aujourd'hui et des vêtements d'aujourd'hui. Après, chaque équipe choisit ses couleurs (3 ou 4) et colorie tous les vêtements réalisés avec ses couleurs. On peut aussi colorier directement sur le livre, pour se faire plaisir.

d. Le jeu : on met dans une grande boîte tous les vêtements réalisés. Un représentant de chaque équipe vient avec ses 4 personnages : *un garçon et une fille d'avant, d'autrefois* et *un garçon et une fille d'aujourd'hui, de maintenant.* Chaque représentant lance le dé. Celui qui fait le plus grand nombre a le droit de piocher, sans regarder, dans la boîte. Il doit dire ce qu'il a tiré (ex : *une chemise rouge et verte*). Si cela correspond aux couleurs de son équipe, il habille un de ses personnages "*Je peux habiller le garçon d'aujourd'hui*". S'il ne peut pas "*Je ne peux pas habiller mes personnages*"… il le donne à l'équipe à qui cela doit revenir. La première équipe qui a réussi à habiller ses 4 personnages a gagné.

5. Page 67 : le jeu des différences et le parcours

a. Regarder les 2 images et retrouver les principaux éléments : *une maison, une librairie (c'est écrit sur la maison comme dans l'histoire page 52), un cirque, une boulangerie (comme dans l'histoire page 50), un zoo, une piscine, des rues et une place* (mot à donner). *On voit aussi des voitures et un vélo.* Les consignes sont elles assez claires ?

b. Écouter, livre ouvert, la bande son.

Durée 1 minute 56 secondes

> **MA₉** Page 67, encore un jeu des différences mais il y a autre chose ! Sur le premier dessin, dessinez le chemin pour aller de la maison en bas à gauche, à la piscine, en haut à droite. Écoutez. Tu pars de la maison... tout droit... et tourne à droite. Continue tout droit... Tourne à gauche. Après le cirque, tourne encore à gauche... Va jusqu'au bout de la rue et tourne à droite... Passe devant la boulangerie... va jusqu'à la place... Ne prends pas les 2 rues à droite... prends la troisième rue... Tourne à gauche et continue jusqu'au bout. C'est là ! Alors, qui a dessiné le bon chemin ? Et sur le deuxième dessin, il y a les mêmes choses ? À vous maintenant, faites un chemin et jouez !

Oh là, là, il y a beaucoup de choses à faire ! Et puis c'est bizarre, par moments, Mémo parle à une personne et à d'autres, il parle à plusieurs personnes ! *Quand Mémo parle-t-il à une personne ?* Reprendre la bande son et bien isoler la partie du chemin à faire : donc, on doit le faire seul et ce qui est à faire ensemble "*Faites un chemin et jouez*".

c. De la maison à la piscine : avant de faire exécuter le dessin du chemin, faire colorier, avec une même couleur pour tous, *la maison* et *la piscine*. Faire de même, ensuite, pour *le cirque, la librairie, la boulangerie* et *la place*. Tout ceci facilitera le repérage et la compréhension des indications. Reprendre cette partie de la bande son (de "*tu pars*" à "*jusqu'au bout*") et demander aux enfants de la faire avec leurs mains et en se déplaçant, comme dans le jeu. Reprendre, une fois encore la bande son, faire fermer les yeux et demander aux enfants de refaire le chemin avec un doigt sur la table. Reprendre, enfin, la bande son et chaque enfant trace le chemin sur son livre. On échange ce qui a été fait et on compare. *Alors, qui a dessiné le bon chemin ?* Après avoir fait le jeu des différences, par équipes, on prépare un chemin à suivre et on le fait faire aux autres. Ce sont les plus rapides qui gagnent.

d. Il y a, il n'y a pas : faire trouver le plus rapidement possible les différences. On devra présenter en utilisant "*sur le premier dessin, il y a 2 voitures. Sur le deuxième, il n'y a pas 2 voitures à côté de la librairie. Il y a une voiture...*" Les différences à relever sur le deuxième dessin sont : pas de vélo, un manège à la place d'un toboggan, pas de voiture en haut, pas d'éléphant, pas 2 girafes.

6. Pages 67 : les nombres à relier

a. Regarder les nombres et les points. *Qu'est-ce que vous faites ?* Il faut compter de 1 à 60, finir le dessin. Reprendre "*Pierre appelle Paul*" si cela aide à se souvenir des nombres.

b. Écouter, livre fermé, la bande son.

Durée 27 secondes

> **MA₉** Page 67... un joli dessin ! Faites les traits en partant de 1. Terminez le dessin avec ce que vous voulez. Comparez avec les autres. Qu'est-ce qu'il y a sur chaque dessin ?

Il faut donc faire autre chose que compter. *Vous avez compris ?*

c. De 1 à 60 : laisser les enfants faire l'activité. On compare ensuite tous ensemble : *moi, j'ai dessiné un clown bleu...* On peut passer ce qu'on a fait à un autre qui décrit ce qu'il voit. Qui invente la même chose pour mettre sur le panneau jaune et se souvenir, ainsi, des nombres jusqu'à 60 ?

7. Page 68 : les préférences

a. Regarder : en voyant cette page, quelle comptine, quelle chanson réciter, chanter ? ("*Bonbons, biscuits*", "*Mandoline*", "*Entrez madame*"). *Quels sont les personnages ?* (Gilles et Karima) *Quels aliments vous voyez ? Qu'est-ce qu'il faut faire ?* Les enfants pensent-ils à "*j'aime, je n'aime pas, je préfère*" en voyant le cœur et le cœur barré ?

b. Écouter, livre fermé, la bande son.

Durée 30 secondes

MA₉	Page 68. Dessine ce qu'aiment Karima et Gilles et tout ce que n'aiment pas Karima et Gilles. Qu'est-ce que c'est ? Et toi, qu'est-ce que tu aimes ? Qu'est-ce que tu n'aimes pas ? Et ton ami(e) ?

Est-ce que vous êtes en équipe ? Est-ce que vous préparez en équipe ? Non. Mémo dit "dessine", "toi", "tu", "ton". Tout le monde a-t-il bien compris ?

c. Dessiner, remplir le tableau : laisser les enfants, seuls, remplir le tableau. À noter que Karima n'aime pas les pommes de terre (dessin avec assiette). Ils ne doivent remplir que ce qui concerne Karima, Gilles et leurs propres goûts. L'autre partie sera faite ensuite. Chacun dit ce qu'il a dessiné. Est-ce que tout le monde est d'accord pour Karima et Gilles ? Après, il faut bien écouter la présentation de chacun, cela va aider pour faire la partie "*Et ton ami*". On pourra qualifier ces préférences : *j'aime beaucoup, j'adore...*

d. Mon ami(e) : après avoir écouté les présentations de chacun, on dessine ce qu'aime son ami(e) dans la dernière partie. Ensuite, on vient dire ce qu'on a dessiné et les autres doivent répondre à la question "***Qui est-ce ?***" Est-ce que l'intéressé(e) s'est reconnu(e) ? Qui trouve le plus souvent ?

+ Suggestions : les aliments fabriqués en pâte à sel illustreront parfaitement cette activité, voire serviront de modèle pour dessiner ! On pourra également faire des cartes avec des dessins (ou découpage-collage à l'aide de magazines et publicité) pour faire un jeu des 7 familles des aliments.

8. Page 69 : le jeu de dominos

Cette activité consiste à faire travailler, implicitement, les notions de genre et de nombre ainsi que de réemployer du lexique. Il ne s'agira pas de parler de masculin, féminin, singulier ou pluriel, mais de permettre aux enfants de réfléchir et d'associer. C'est la raison pour laquelle des erreurs ont été volontairement présentées. Il faudra donc être attentif à faire utiliser des crayon de couleur pour que les enfants puissent gommer et corriger.

a. Regarder : qu'est-ce que vous voyez ? Laisser les enfants donner tout ce qu'ils retrouvent. Organiser, ensuite, la lecture de l'image :
- Les dessins, qu'est-ce que c'est ? une chemise, un poulet, un œuf, des chaussettes, un patin à roulettes, une tomate, une chaussure, des chaussures, des œufs, une salade, une jupe, un pull, une chaussette, des cerises, des bonbons et un pantalon.
- La présentation : il y a des cases, des carrés et des dessins dans chaque carré et des carrés sans dessin. Il y a des rectangles faits avec 2 carrés. Combien y a-t-il de carrés ? (27) Combien y a-t-il de rectangles ? (13 et le début d'un autre, à côté du dessin de la salade). Il y a des numéros aussi. Ils sont où ? Les numéros sont sous les carrés ou à côté.
- Les consignes et le matériel : il faut colorier, parler, dessiner, fabriquer et jouer. À quoi allons-nous jouer ?

b. Écouter, livre ouvert, la partie (A) de la bande son.

Durée 2 minute 14 secondes

MA₉ A	Page 69, il y a un jeu de dominos. D'abord, coloriez les dessins. Qu'est-ce que c'est ?
B	Ensuite, dessinez un triangle et coloriez en vert sur les nombres 1, 2, 3 et 4. Dessinez un carré et coloriez en jaune sur les nombres 5, 6, 7, 8, 9 et 10. Dessinez un rond et coloriez en bleu sur les nombres 11, 12, 13, 14 et 15. Oh là, là, il y a une erreur. Vous avez vu ?
C	Oui, bravo ! Il faut dessiner un rond, écrire 16 et colorier en bleu sous les chaussettes à côté du dessin de l'œuf.
D	Après, regardez comment on pose les pions du domino… Mais encore, il y a encore une erreur. Vous avez vu ?
E	Oui, bravo ! Le 3 ne va pas avec le 10.
F	Maintenant, vous continuez le jeu. Et vous faites un jeu pour la classe et vous jouez !
G	Et n'oubliez pas le baromètre [chanson de Mémo].

Là, on comprend bien les 2 premières consignes et on les fait. Mais Mémo nous donne le nom du jeu *"le jeu de dominos"*. Expliquer, montrer un jeu de dominos. Est-ce que les enfants connaissent la règle du jeu ? La donner : faire toucher les mêmes cases d'un pion (*par exemple 6 à côté de 6, 5 à côté de 5...*). Comment allons-nous pouvoir jouer aux dominos avec tout ce que nous avons.

- Faire écouter la partie (B) : est-ce que de faire des formes et colorier de la même couleur les mêmes formes nous aide ? En plus, *il y a une erreur*. On n'a sûrement pas vu encore, donc *on continue avec la cassette.*
- Faire écouter la partie (C) : *Mémo nous aide. Il faut un rond bleu sous les chaussettes et à côté du patin à roulettes. Est-ce que vous comprenez ? On continue.*
- Faire écouter la partie (D) : *Mémo nous dit comment placer les pions mais il y a encore une erreur. Avez-vous trouvé l'erreur ?*
- Faire écouter la partie (E) : qui avait trouvé ? Et pourquoi le pion 3 ne va pas avec le 10 ?
- Faire écouter la partie (F) : *ah, on va dessiner dans les cases blanches mais est-ce que vous avez bien compris comment il faut dessiner ?*

Les enfants ont-ils compris ce qu'il fallait faire ? Si oui, tant mieux, on ira plus vite après ; si pas encore, le faire va les aider !

c. Les formes, les couleurs, les erreurs : reprendre les parties (B), (C), (D) et (E) en respectant bien les arrêts de la bande et en faisant faire au fur et à mesure de l'écoute. On gomme pour effacer les erreurs.

<u>Fixer la règle du jeu et corriger les erreurs</u> : on pose toujours une case d'une même forme et d'une même couleur à côté d'une case pareille, même si le dessin n'est pas le même : *par exemple 1 à côté de 2, un poulet à côté de un œuf ou 6 à côté de 7, une tomate à côté de une chaussure...* Alors, si on regarde bien tous les ronds bleus, qu'est-ce qu'on voit ? *12 et 13 par exemple : des chaussures à côté des œufs ou 14 et 15 : des cerises à côté des bonbons.* Alors que faut-il faire pour corriger 6 et 7 ? Il faut dessiner un autre patin à roulettes et *nous avons des chaussettes à côté des patins à roulettes. Et pour 10 et 3 ?* Soit on transforme le pull en robe et cela fait une chaussette à côté de une robe, 2 carrés jaunes à côté, soit on dessine 2 chaussettes et 2 pulls et on a 2 ronds bleus à côté.

Donc *les carrés jaunes*, c'est pour tous les mots qui vont avec "*une, la*", les *triangles verts*, c'est pour tous les mots qui vont avec "*un, le*" et *les ronds bleus*, c'est pour tous les mots qui vont avec "*des, les*".

d. Finir sur le livre : reprendre la partie (F). Les enfants peuvent utiliser d'autres mots que ceux spécifiquement développés dans le magazine 3 (matériel scolaire, la maison, les meubles...). On corrige ensemble.

e. Fabriquer le jeu par équipes. On peut demander de le faire par thème ou en mélangeant tous les mots connus. Il ne faudra pas écrire de nombre ni dessiner des formes mais en revanche de bien penser à la façon de le fabriquer pour que le jeu soit possible ensuite. Pour cela, il faut d'abord faire la liste des mots que l'on veut employer avant de dessiner les pions. On peut en fabriquer un collectivement pour bien s'assurer de la démarche, les autres pouvant se réaliser en ateliers ou à la maison.

f. Le jeu : après avoir vérifié les différents jeux fabriqués, on jouera avec eux. On peut enregistrer la règle du jeu sur la cassette de la classe.

9. Page 70 : le baromètre

Procéder de la même façon que dans les magazines précédents. Ne pas oublier de vérifier les 2 précédents baromètres.

Qui est-ce ? : les présentations au pluriel (*eux, ils s'appellent ; nous, nous appelons...*) et la taille (*grand(e), petit(e)*).

Qu'est-ce que c'est ? : le corps, les vêtements associés par genre et nombre (*une chemise, une jupe – des chaussures, des chaussettes – un pull, un pantalon*).

Qu'est-ce qu'ils font ? : *ils vont au jardin, ils font du vélo ; ils vont à la maison, ils font de la peinture.*

Qu'est-ce qu'ils disent ? : *ça va – qu'est-ce que tu veux ? Je voudrais... il y a des bonbons – ça ne va pas – qu'est-ce que vous voulez ? Je veux... il n'y a pas de bonbons.*

Les jours de la semaine avec et sans école, les parties du corps et "*j'ai mal*".

Les aliments et l'emploi des partitifs : *du pain, du fromage, du sucre, du poisson, du sel, de la salade, de la confiture, de la viande, une tomate, des carottes, une pomme, des fraises, des cerises, une bouteille d'eau – de l'eau –, un verre – du jus d'oranges/ou sirop) – du lait – (de haut en bas).*

Le chemin à suivre en regardant la voiture et les flèches au milieu.

Et après avoir chanté la chanson de Mémo, nous savons déjà de quoi nous allons parler dans le prochain magazine : des vacances ! Où en est "*notre magazine 3*" ? <u>Et si on faisait le point sur tout ce qu'on a fait depuis le début !</u> *Qu'est-ce que vous savez ? Qu'est-ce que vous aimez ? Qu'est-ce que vous voulez ?*

À la fin du magazine 3... Votre baromètre

Avant d'aborder le dernier magazine, les enfants peuvent-ils :

- comprendre les consignes et les activités principales sans avoir recours à la langue maternelle ? Si non, quelle est la part d'utilisation de celle-ci par rapport au français ? À quel moment, dans quelle situation devez-vous vous y référer plus particulièrement ?
- s'exprimer de plus en plus librement, en dehors des activités proprement dites, en français ? Si oui, dans quel cadre, dans quelle situation ?
- préparer une saynète en dépassant le modèle proposé et en utilisant le capital acquis lors des 2 magazines précédents ?
- présenter plusieurs personnes en utilisant les formes verbales, les pronoms et les toniques correspondants et en reprenant les structures précédentes (prénom, nom, âge) ?
- exprimer leurs goûts, leur préférence, un état, la quantité et ce que l'on veut dans des situations variées, en utilisant les formules de politesse ?
- décrire un personnage et ses actions ou un objet en employant les couleurs et quelques qualificatifs ?
- comprendre et utiliser les partitifs, le genre et le nombre des mots et les nombres jusqu'à 60 ?
- comprendre et utiliser les partitifs, le genre et le nombre des mots et les nombres jusqu'à 60 ?
- suivre un chemin et établir des ordres pour faire suivre un chemin ?

Avez-vous observé

- si une activité introduite par une chanson ou une comptine facilitait la compréhension, l'expression et le réemploi ?
- les incidences du travail en équipes : les relations d'aides qui s'installent, les exclusions, la composition. Les équipes ont-elles toujours été les mêmes ? Est-ce vous qui les avez constituées ? Le choix spontané, l'aspect affectif, des enfants pour être dans une équipe est-il favorable à l'échange au travail ou pas ? Pensez-vous faire des équipes de niveaux (homogènes) pour certaines activités ? Si oui, est-ce pour reprendre certaines choses ?
- si le travail en ateliers a permis le développement de l'interaction dans le groupe ? Est-ce source d'éparpillement ou, au contraire, facilitateur et enrichissant ? Vous a-t-il permis de développer certaines activités ? Si non, pourquoi ? Le petit bilan fait avec les enfants vous aide-t-il ?

facilités (+)	difficultés (−)	à reprendre, développer	à faire, à laisser

Magazine 4 — En vacances

LIVRE DE L'ÉLÈVE	TYPE D'ACTIVITÉ	COMMUNICATION	VOCABULAIRE	GRAMMAIRE	PHONÉTIQUE	ACTIVITÉS	JEUX	MATÉRIEL
COUVERTURE p. 71	chanter (découverte)		les paysages et moyens de transport	verbes au passé	[gʀ] [ʀ] [u] [y] [ɪʀ] [ɔ̃]	p. 85 (1) une nouvelle façon de faire		panneau rouge cassette classe
HISTOIRE p. 72, 73, 74, 75	mimer jouer (situations de communication)	se situer dans le temps exprimer la possession	les paysages et leurs éléments	pourquoi	[gʀ] [fʀ]	p. 86 (2) p. 87 (3)		panneau rouge cassette classe feuilles caméra sablier chrono
MOSAÏQUE p. 76, 77	jouer (travail sur la langue)	faire le portrait	les adjectifs de nationalité les noms de pays le portrait	le féminin des adjectifs en, au + noms de pays		p. 88 (4)	jeu des drapeaux le puzzle des portraits	panneau rouge cassette classe feuilles, pion, dé feuilles carton
VOYAGES p. 78, 79	réciter (phonétique)	dire d'où l'on vient et comment dire où l'on va	les moments d'une journée les nombres → 100	en avion, voiture à pied, vélo ce, cette	[ɛ̃] [ɔ̃] [s] [fʀ] [kʀ] [wi] [y]	p. 89 (5)	jeux de langues dessiner	panneau rouge cassette classe feuilles
À PARIS p. 80, 81	(lexique)	téléphoner raconter une action passée demander et exprimer la quantité	la monnaie et les transports parisiens				jeux de rôles	panneau rouge cassette classe feuilles silhouettes
LES SAISONS p. 82	réciter (travail sur la langue)	demander le temps qu'il fait	les saisons et les mois de l'année			p. 90-91 (6)		panneau rouge cassette classe feuilles
PAYSAGES PLIAGE p. 83	découpage collage (faire)		reprise	Il faut + infinitif		inventer une histoire préparer un spectacle		les panneaux bleu, vert, jaune et rouge les outils de référence
MÉMO p. 84	(réemployer)	reprise	reprise	reprise	reprise	p. 90-91 (6) le baromètre (7)		idem

C'est le dernier magazine, on en profite ! **On joue** de plus en plus, en équipes et en ateliers. On parle beaucoup plus en français, **on réemploie** le plus souvent possible et surtout on utilise tous les énoncés en redondance, en récurrence : on arrive à lire les images qu'en français… ou presque ! On utilise tout ce qui a été capitalisé, on s'autonomise en français : **on invente des activités**. D'ailleurs, il y a des changements dans la présentation des activités et dans les consignes de Mémo. On rencontre des situations au passé et on se situe dans le temps avec plus de précision. On commence à construire un discours avec ses marqueurs de temps (ensuite, d'abord, enfin, après…). On s'amuse avec la langue… avec des jeux de langues, en variant sur le rythme et la mélodie des phrases. On enrichit encore les outils de référence, les moyens de vérifier et les jeux fabriqués.

Informations socio-culturelles : les grands magasins parisiens. *les Galeries Lafayette, le Printemps, la Samaritaine et le Bazar de l'Hôtel de Ville.*

Les billets : *billet de 100 F (Eugène Delacroix) – billet de 50 F (Saint-Exupéry et une illustration du Petit Prince).*

Magazine 4 . Couverture   page 71

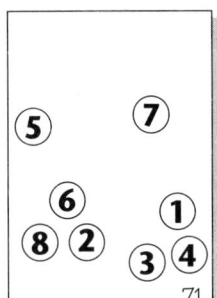

VOCABULAIRE	GRAMMAIRE	PHONÉTIQUE	PAGES JEUX
les vacances, le train, le car, la mer, la campagne, la montagne, l'étranger, les mois, une année, les pays d'Europe, la ville, le village, le départ, tranquille	vous avez entendu on est sorti on est parti	[ʀ] groupes consonantiques [gʀ] [t] [u] [y] [ʃ]	**p. 85** les consignes et le matériel

1. Regarder

On sait retrouver les 2 titres ! De la bonne humeur sur cette page couverture ! On va sûrement voyager, on voit des valises. On fait la connaissance d'un nouvel illustrateur… qu'on retrouvera dans le Trampoline 1 !

2. Écouter

a. <u>En regardant la couverture</u>, on écoute la bande son.

Durée 4 minutes 22 secondes

> **MA₁** * (bruits de gare, de train, d'oiseaux, de cloches, de vaches et d'un car)
> <u>L'animatrice</u> : Maintenant c'est le magazine n° 4 du petit Trampoline. "En vacances !" *
> [chanson "Allez le car" cf. p. 96]
>
> Dans le petit Trampoline n° 4, on parle de vacances à la mer*, à la campagne*, à la montagne*, à l'étranger*. On parle aussi des mois de l'année, des pays d'Europe*, de Paris* et des fêtes*.

Vous avez entendu ? On entend beaucoup de choses ? Qu'est-ce que vous avez entendu ? Qu'est-ce qu'on voit sur la couverture ? Qu'est-ce qu'on ne voit pas ? Rien qu'avec les bruits, les enfants peuvent déjà tirer des informations, voire retenir certaines expressions. On parle bien de vacances dans le magazine 4.

b. Reprendre la deuxième partie et faire trouver dans le livre ce qui peut correspondre. (ex : la mer p. 73, 82, 84, 90 et 92). Expliquer *"à l'étranger"* : *dans un autre pays que le sien, en dehors de la France, de son pays*. Pour Paris, on entend le bruit de fond d'un café.

c. <u>Fixer la nouvelle façon de travailler</u> dans le magazine 4 : à part quelques pages où nous devrons suivre les indications, ce sont les enfants qui doivent trouver les types d'activités : *c'est vous qui inventez*. L'enseignant(e) aidera bien sûr, proposera certaines choses mais *vous allez trouver les consignes, maintenant vous pouvez très bien faire seul ou en équipes*.

3. Activités

a. <u>La chanson</u> : reprendre la chanson plusieurs fois en cherchant sur l'image les illustrations correspondantes : ① *"grand départ"*, *"grand jour"* (on est content, on attendait ce jour là) ; ② *"grimpons"* (il est en retard) ; ③ *"le car"* ; ④ *"le soleil est de la fête"* (il est présent) ; ⑤ *"la ville"*… mais *"on est sorti"* (on a quitté) ; ⑥ *"les champs"*… *"tout est tranquille"* (c'est calme) ; ⑦ *"les villages"* ; ⑧ *"on fait des signes au passage"*. Expliquer *"répondent à l'unisson"* : répondent en même temps, en disant les mêmes choses. On ne voit pas *"le chauffeur avec ses lunettes"*, *"les gens devant leur maison"*… mais on a bien compris que c'est la fête, qu'il fait beau *"youpi"*. Faire chanter, une équipe chantant les refrains et les autres, chacune un couplet. On enregistre bien sûr !

b. <u>Qu'est-ce qu'on prépare pour le panneau rouge de référence</u> ? : laisser les enfants faire des propositions. Des idées possibles :

– illustrer la chanson ;
– faire une illustration des paysages proposés (mer, campagne, montagne, ville, Paris, à l'étranger et les pays d'Europe…). Pourquoi pas des cartes de géographie ;
– faire une illustration des moyens de transport… ou les faire en pâte à sel !
– faire tout cela à la fois en se répartissant le travail par équipes… sans en oublier une pour les fiches du dictionnaire.

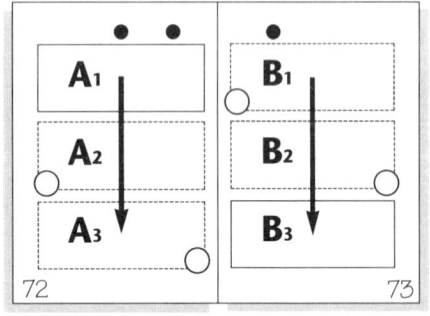

Magazine 4 ■ Histoire

Histoire : Nous découvrons la dernière famille, la famille Bertaux avec les jumeaux, Marc et Frédéric qui racontent leurs vacances d'été à la campagne, à la montagne, à la mer et en Espagne à leur ami Grégoire. En vrais et bons jumeaux, ils se font écho, répètent toujours ce que l'un dit, ce qui agace Grégoire. Mais ils sont tristes car ils vont quitter leur ville de province pour aller habiter… à Paris, au 21, rue d'Alésia.

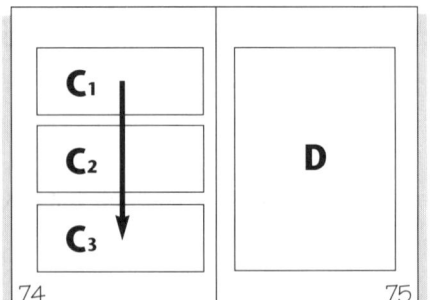

1. Regarder

Faire observer précisément les 4 pages et mettre en évidence :

– Le nombres d'images et quel peut être le sens de la lecture.
– La façon dont sont présentées les images : certaines comme d'habitude (A1, C1, C2, C3 et D) et d'autres entourées comme par un nuage (A2, A3, B1 et B2) et une avec un fond bleu (B3). Qu'est-ce que cela peut vouloir dire… surtout que la tête des personnages est à côté de A2, A3, B1 et B2 et même qu'un personnage tient avec sa main la B3 ?
– Les personnages : on n'en reconnaît aucun de la couverture, comme on avait l'habitude dans les autres magazines. Il y en a 2 qui se ressemblent vraiment beaucoup, à part les lunettes.
– Les couleurs : on voit souvent le fond des images avec les mêmes couleurs bleu, vert et violet.
– L'écrit : on voit un peu plus d'écrit et des mots dans des bulles (C1, C3 et D), on voit des enseignes de magasins… mais on reconnaît "*librairie*" et *le début de "boulangerie" comme dans l'histoire de la famille Cachou (p. 50 et 52)* et des points d'interrogation aussi (A1 et D). *Que se passe-t-il ? Il y a "école" aussi.*
– Les différentes situations : est-ce qu'on peut déjà reconnaître certains lieux comme *la ville* (A1, B3, C1 et D), *la campagne* (A2), *la montagne* (A3) *et la mer* (B1). *On voit le drapeau français et un autre drapeau* (B2 et B3)… "*est-ce que c'est à l'étranger*" pour les personnages de l'histoire ?
– La fin de l'histoire : il n'y a pas de télévision avec le mot "*fin*" comme d'habitude ; on termine sur une grande image *où est-ce ?* A-t-on déjà trouvé *Paris* ?

Est-ce qu'on peut dire ce qui se passe dans cette histoire ?

2. Écouter

a. <u>Livre ouvert</u>, faire écouter la bande son. Prévenir que c'est un peu long et qu'il faut bien suivre sur les images pour essayer de retrouver certains éléments, surtout les bruits : il y en a beaucoup et cela aide bien à comprendre.

Durée 5 minutes 6 secondes

MA2	* <u>L'animatrice</u> : Encore une autre famille dans l'histoire du magazine 4. C'est la famille Bertaux avec les jumeaux, Marc et Frédéric.	**A2**	* <u>Marc</u> : C'est fini juillet. Fini la campagne, fini les champs, la ferme, les poules.* <u>Frédéric</u> : Eh oui, fini la campagne,* les champs, la ferme, les poules. <u>Grégoire</u> : Frédéric, arrête de répéter. * <u>Frédéric</u> : Les vaches et le tracteur ! *
A1	** <u>Grégoire</u> : Tiens, salut Marc, salut Frédéric. Ben alors, ça ne va pas. <u>Marc + Frédéric</u> : Salut Grégoire. <u>Marc</u> : Non, ça ne va pas. Les vacances, c'est fini. <u>Frédéric</u> : Fini, les vacances. C'est fini.	**A3**	* <u>Frédéric</u> : C'est fini la montagne, le chalet, la marche.* <u>Marc</u> : Eh oui, fini la montagne, le chalet, la marche.

pages 72 73 74 75

COMMUNICATION	VOCABULAIRE	PHONÉTIQUE	PAGES JEUX
c'est fini, on part, on va habiter en Espagne, en juillet, août… d'abord, ensuite, puis, enfin, il est brun, elle est brune c'est à moi, c'est à toi	les vacances, la campagne (les champs, la ferme, les poules, les vaches, le tracteur), la montagne (le chalet, la marche, le sac à dos), la mer (les poissons, la pluie), les taureaux, les lapins, le cochon d'Inde, habiter à, super, chouette, il a peur, pourquoi ?	groupes consonantiques [gR] [fR]	p. 86, p. 87 remettre en ordre l'histoire Suites d'images d'une petite histoire

	Grégoire : Oh non Marc, arrête de répéter. Marc : et le sac à dos ! *		* Grégoire : Mais, vraiment, je ne comprends pas. Qu'est-ce qui ne va pas ? Marc : En septembre, nous partons. Nous allons habiter dans une autre ville. Frédéric : Oui, on part, on va habiter dans une autre ville. Grégoire : Fffff. Frédéric : D'accord, j'arrête. Grégoire : Zut ! Vous allez où ? Marc + Frédéric : On ne sait pas !
B₁	* Marc : C'est fini aussi le mois d'août. Fini la mer, les poissons, le bateau. Frédéric : Eh oui, fini la mer, les poissons, le bateau. Grégoire : Ah non, arrête de répéter, Frédéric. Frédéric : Le bateau… et la pluie ! *	C₁	
B₂	* Frédéric : Ah là, là, fini les vacances en Espagne ! C'est fini le soleil, les promenades en voiture avec nos copains. Marc : Eh oui, fini l'Espagne, le soleil, les promenades en voiture. Grégoire : Arrête, Marc. Marc : et les taureaux… los toros.* Grégoire : Mais tu parles espagnol ! Marc : Un poco… Frédéric : Un poco,… un peu. Tu vois je ne répète pas. Grégoire : C'est vrai. Et comment s'appellent vos amis espagnols ? Comment sont-ils ? Marc : Le garçon s'appelle Javier. Il est petit, brun. Il a les yeux marron.*	C₂	** M. Bertaux : Les valises, là, vite… Attention, attention aux lapins. Mme Bertaux : Et les chats* ? Où est le panier ? Et le poisson ? Marc : Le cochon d'Inde, c'est à moi ! Frédéric : Non, ce n'est pas à toi, c'est à moi !
		C₃	** M. Bertaux : Alors, tout droit. Il faut aller tout droit ? Mme Bertaux : Non, non, c'est à gauche dans la rue. Marc : Super. On est à Paris. Bravo. Paris ! Chouette ! Frédéric : Bravo ! On est à Paris – super – chouette – Paris.*
B₃	Frédéric : Sa sœur s'appelle Laura. Elle est grande et brune. Elle a les yeux verts… Ah, je ne répète pas hein ! Grégoire : Où habitent-ils ? Marc : Ils habitent à Madrid. Frédéric : Oui, ils habitent à Madrid… Oh pardon ! Tiens, regarde la photo.	D	** Frédéric : Oh Marc, il y a une fille qui nous regarde.* Marc : Ah oui… Bonjour. M. Bertaux : Et voilà Paris ! Mme Bertaux : Et oui, maintenant on habite à Paris, 21, rue d'Alésia.*

Alors, qu'avez-vous compris ? Expliquer "*jumeaux*".

b. Reprendre ensuite chaque partie en faisant retrouver sur les images les différents éléments. L'intérêt, dans cette phase, est de reprendre tout ce qui a été donné en variant le questionnement. Même si c'est un peu long, l'important est de montrer aux enfants qu'ils sont capables "de lire une histoire en français". Il faudra le souligner à la fin de la séquence.

– (A1) : *Où sont Marc et Frédéric, les jumeaux ? Ils sont dans une ville. Est-ce que vous voyez l'école avec le drapeau français ? Qu'est-ce qu'on voit aussi au fond de l'image, dans le fond ? Vous voyez les grandes maisons ? La dame qui promène son bébé ? Le monsieur qui promène son chien ? C'est colorié avec quelles couleurs ? Et Grégoire et les jumeaux, est-ce qu'ils sont coloriés avec les mêmes couleurs ? Que se passe-t-il pour Grégoire, qu'est-ce qu'il ne comprend pas ? Les jumeaux sont tristes, ça ne va pas ! Et pourquoi ? Les vacances sont finies. C'est fini les vacances.*

– (A2) : *Où sont les jumeaux ? À la campagne. Est-ce qu'on voit Grégoire ? Comment s'appelle la maison dans le fond ? C'est une ferme. Est-ce qu'on voit les vaches ? Qui est content, qui s'amuse et rit ? C'est le jumeau avec les lunettes. Où est l'autre jumeau ? Sur un tracteur. Est-ce qu'il s'amuse ? Non, il a peur. Vous voyez les poules ? Et pourquoi on voit le jumeau avec les lunettes en bas à gauche ? Il raconte les vacances à la campagne ? Quand ? en juillet.*

– (A3) : *Et là, est-ce que les jumeaux sont à la campagne ? Non, ils sont à la montagne ! Et là, vous voyez les vaches ? Qu'est-ce qu'ils font ? Ils marchent. Où vont-ils ? Ils vont jusqu'à la maison au fond, en haut de la montagne. C'est un chalet. Qui s'amuse ? Les oiseaux et les vaches. Et là, pourquoi on voit le jumeau sans lunette, en bas à droite. Il raconte les vacances à la montagne. Est-ce que vous savez maintenant comment il s'appelle ? Qui n'est pas content ? C'est Grégoire. Pourquoi ? Est-ce qu'on voit Grégoire sur l'image ?*

– (B1) : *Et là, est-ce que Marc et Frédéric sont à la ville ? à la campagne ? à la montagne ? Non, ils sont à la mer sur un bateau ? Qui est content ? C'est l'oiseau. Et les poissons et les jumeaux, est-ce qu'ils sont contents ? Est-ce qu'il y a du soleil ? Non, il pleut, il y a du vent. C'est quand ? en août. Qui parle ? On entend Marc, Frédéric et Grégoire. Mais qui raconte les vacances à la mer ? C'est Marc, le jumeau avec les lunettes. Vous le voyez ?*

– (B2) : *Et sur l'image, ici, où sont les jumeaux ? En Espagne. Vous savez où est l'Espagne ? Regardez le drapeau, la dame espagnole, la voiture avec le E* (expliquer la plaque d'immatriculation). *Et avec qui sont les jumeaux ? Avec leurs copains* (expliquer que "copains" est un peu familier), *leurs amis ? Ils sont à la ville ? Non, ils sont à la campagne en Espagne aussi, ils se promènent en voiture avec leurs amis. Vous voyez les taureaux ? Et les jumeaux, ils ont peur, un peu... "un poco"... c'est de l'espagnol, ce n'est pas du français. En Espagne, on parle espagnol. Et qui raconte les vacances en Espagne ? C'est Frédéric.*

– (B3) : *Et cette image, qu'est-ce que c'est ? C'est une photo, une photo des amis de Marc et Frédéric comme sur l'album de la famille Mélodie. Vous vous souvenez ? Comment s'appellent-ils ? Est-ce que les jumeaux prononcent bien ? Comment sont-ils les amis espagnols des jumeaux ? On ne voit pas bien les yeux verts de Laura, mais c'est une photo ! Où habitent-ils, Javier et Laura ? Ils habitent à Madrid, c'est une grande ville. Regardez Madrid, est-ce comme la ville de la première image ?*

– (C1) : *Ah vous reconnaissez ? C'est comme sur la première image. C'est quand ? C'est le même jour comme au début de l'histoire mais après, on voit d'autres personnages dans la rue. Est-ce qu'un personnage raconte les vacances ? Que se passe-t-il ? Est-ce que les jumeaux sont contents ? Et Grégoire ? Non, il est triste, regardez, il dit "Zut"* (expliquer l'expression).

– (C2) : *Et là, c'est quand ? C'est en septembre. La famille Bertaux part. C'est le départ. Est-ce que c'est un "grand jour" comme dans la chanson ? On ne sait pas mais Marc et Frédéric se disputent* (expliquer le mot). *Pourquoi ? Le magasin est fermé. Vous avez entendu ? et regardez, c'est écrit "Fermeture", c'est un peu comme "Fermé" sur la porte de la boulangerie dans l'histoire de la famille Cachou, page 50. Il y a beaucoup d'animaux.*

– (C3) : *Alors, sur cette image, où est la famille Bertaux ? À Paris. Vous savez, maintenant, où les jumeaux vont habiter... eux aussi... Est-ce qu'ils sont contents ? Est-ce qu'ils se disputent encore ? Super, bravo, chouette, c'est comme youpi ! Que font les parents, monsieur et madame Bertaux ? Ils cherchent la rue.*

– (D) : *Regarder, c'est une rue de Paris. Est-ce que c'est une ville comme Madrid ou la ville de la première image ? Il y a beaucoup de voitures, de magasins... Regardez, derrière la voiture, c'est un café. Vous avez entendu le bruit sur la cassette, comme sur la page de couverture ? Voilà la nouvelle maison de Marc et Frédéric. C'est à Paris, rue d'Alésia, regardez où c'est écrit et vous voyez le 21. Vous avez entendu le chien sur la cassette ? Où est-il ? Et qu'est-ce qui est interdit ? Est-ce que ce sont les chiens ?* (montrer le panneau). *Ce sont les voitures, on ne peut pas mettre la voiture là. Marc dit bonjour à qui ? Où la famille Bertaux va habiter ? sans doute au 2ᵉ étage : Les volets sont fermés ! C'est une autre histoire qui commence !*

(Faire, éventuellement, référence à "Trampoline 1"). Ponctuer la fin de cette partie avec : *Bravo ! C'est très bien ! Maintenant, vous comprenez bien une histoire en français, vous parlez bien !* Faire remarquer que l'utilisation de la langue maternelle a été moindre.

3. Activités

a. <u>Situer dans le temps</u> : pour situer les différentes situations dans le temps, partir de la première image (A1). Tracer 3 grands cadres au tableau avec des couleurs différentes, une pour les scènes au passé (1), une autre pour les scènes au présent (2) et une autre pour les scènes qui viennent après. Demander aux enfants de situer la scène qui se déroule dans le même endroit, le même jour après avoir placé la scène A1. Demander de placer ensuite dans le premier cadre, les scènes qui se passent *avant* A1 et C1. La difficulté autour de la photo (B3) entraînera une discussion sans doute : Frédéric montre la photo à Grégoire, donc c'est dans le cadre (2). Demander ensuite de placer les scènes qui viennent *après* A1 et C1. Fixer les périodes : A2 et A3 en juillet (colorier de la même couleur ▶). ● pour août B1, B2 et A1, C1 et B3 car on dit bien que le changement d'habitation est en septembre, ■ pour septembre.

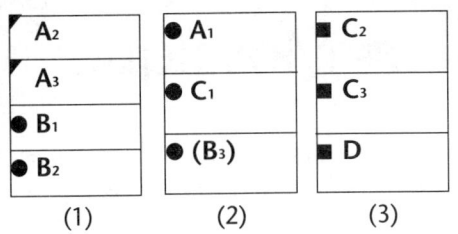

(1)   (2)   (3)

b. <u>Mise en situation</u> : reprendre les scènes, faire mimer et jouer… comment résoudre la difficulté de tenir le rôle des jumeaux qui racontent et doivent mimer ce qu'ils faisaient en vacances ? Et pourquoi pas <u>enregistrer</u> ces parties… le tableau de l'activité précédente aidera ! Ce sera très drôle si on peut filmer tout cela !

c. <u>L'histoire en puzzles</u> : reprendre le même type d'activité que pour l'histoire du magazine 3 (cf. p. 72).

d. <u>Faire les activités p. 86 et 87</u>.

e. <u>Et quelle autre activité ?</u> : comme convenu au début de ce magazine 4, les enfants proposeront une activité. En tout cas, les fiches pour le dictionnaire sont nombreuses pour cette histoire. Qu'est-ce qu'on choisit pour mettre sur le <u>panneau rouge</u> de référence ?

Magazine 4 ▶ Mosaïque

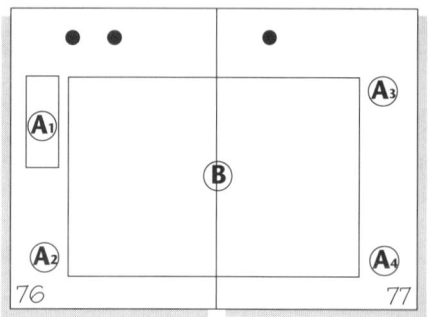

C'est en jouant que le travail se fera pour cette activité. On aborde les pays de la Communauté européenne et non ceux de l'Europe géographique et politique.

1. Regarder

Faire observer, brièvement, les 2 pages : il s'agit d'un jeu et nous comprenons ce que nous a annoncé l'animatrice sur la page couverture. *On va parler des pays d'Europe. Mais il y a autre chose : on voit 2 garçons et 2 filles à gauche en haut avec des flèches (A1) et 6 têtes de garçons et de filles en bas à gauche et à droite. Vous avez-vu ? Qu'est-ce que cela veut dire ? Écoutons vite la cassette... regardez la consigne de Mémo. Il faut commencer par "écoute".* Mais, à propos, est-ce que notre drapeau est représenté ? Est-ce que notre pays est en Europe ?

2. Écouter

a. Livre ouvert, faire écouter la bande son.

Durée 1 minute 31 secondes

MA3 A	L'animatrice : Mosaïque pages 76 et 77... un grand jeu en équipes pour connaître nos amis d'Europe et faire des portraits. Moi, je suis grande, brune et j'ai les yeux verts. Et vous ?
B	Garçon : Moi, j'habite au Portugal. Cherche le drapeau portugais. Il est vert et rouge. Fille : Moi, je suis italienne. J'habite en Italie. Cherche le drapeau italien. Il est vert, blanc et rouge. Garçon : Moi, j'habite au Danemark. Les couleurs du drapeau danois sont rouge et blanc. Fille : Moi, je suis allemande, j'habite en Allemagne. Le drapeau de l'Allemagne est noir, rouge et jaune. Où suis-je ?
C	L'animatrice : Continuez avec toute la classe. Après, vous pouvez jouer. Il faut faire 4 équipes. La première équipe qui a un garçon et une fille d'un même pays a gagné. Bonne chance.*

Vous avez compris ? Expliquer *"mosaïque"* (assemblage de petits fragments multicolores en pierre, en verre... formant un motif décoratif) : *Les pays d'Europe, les couleurs des drapeaux font comme une mosaïque. C'est joli !* On repère la partie (A1) : *on parle de la taille* ; les parties (A2, A3 et A4) : *On parle de la couleur des cheveux et des yeux. On fait le portrait d'une personne.* La partie (B) : *tout ce qui est au milieu, c'est pour jouer. On parle des pays d'Europe, de la couleur des drapeaux et où on habite.*

b. Reprendre la partie (A) : *qui peut dessiner l'animatrice ? Qui fait son portrait ?* Pour cela, il faut bien regarder (A1) : *il y a un grand garçon et une grande fille, un petit garçon et une petite fille. Vous regardez maintenant les 2 têtes en bas à gauche : le garçon est blond et la fille est blonde. Ils ont des cheveux blonds.* Faire la même chose avec (A3) : *brun* et (A4) : *roux, rousse. Pour connaître la couleur des yeux, regardez bien la case 20... Elle a des yeux verts comme l'animatrice ; la case 17, il a des yeux marron comme qui en classe ? Et sur la case 7, il a des yeux bleus comme qui en classe ?*

Qui veut faire son portrait maintenant ?

96

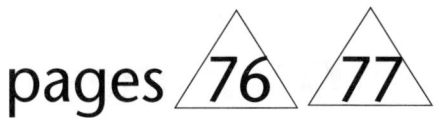

COMMUNICATION	GRAMMAIRE	VOCABULAIRE	PAGES JEUX
je suis grande, brune j'ai des cheveux bruns, des yeux verts Je suis française... j'habite en, au	féminin des adjectifs en, au + noms de pays	les noms de pays d'Europe, les adjectifs de nationalité *brun, blond, roux cheveux, yeux, bouche, nez, grand, petit, gros*	**p. 88** Le puzzle des portraits et des nationalités

c. Reprendre la partie (B) : demander aux enfants de bien écouter si c'est un garçon ou une fille qui parle pour ne pas se tromper de case. Laisser trouver les bonnes cases : 16, 22, 24 et 8. *Et où est la fille portugaise ?* (case 29), *le garçon italien ?* (case 13), *la fille danoise ?* (case 4), *le garçon allemand ?* (case 21).

d. Reprendre la partie (C) : bien isoler les drapeaux. Faire attention aux confusions possibles : par les couleurs (Irlande et Italie), par les formes (France, Hollande, Luxembourg et Allemagne, Belgique). Est-ce que tout le monde connaît *le drapeau européen*, le drapeau de la communauté européenne. Faire dessiner les drapeaux, en double... ils serviront pour le jeu.

e. Expliquer comment on utilise "*en*" et "*au*" à partir de "*j'habite*". L'Allemagne : *j'habite en Allemagne* (féminin). L'Angleterre : *en Angleterre* (féminin). La Belgique : *en Belgique*. L'Espagne : *en Espagne*. L'Europe : *en Europe*. La France : *en France*. L'Italie : *en Italie*. Le Danemark : *au Danemark* (masculin). Le Portugal : *au Portugal*. Et avec notre pays, on dit comment en français ?

f. Donner les formes du féminin : *grand/grande – petit/petite – brun/brune – blond/blonde – français/française comme irlandais, anglais, hollandais et portugais, danois/danoise comme luxembourgeois aussi, italien/italienne comme européen aussi, allemand/allemande*. Et puis les mots qui se prononcent pareil quand c'est un garçon et quand c'est une fille comme *espagnol, belge et grec*. Et pour nous, comment on peut dire en français.
Reprendre les différents exemples sur le plateau du jeu et faire retrouver aux enfants.

3. Activités

a. Le jeu : *il y a 4 équipes, une verte, une jaune, une rouge et une bleue. Il faut 4 pions de chaque couleur* (les réalisations en pâte à sel peuvent servir) *et un dé. Chaque équipe commence dans sa couleur : l'équipe verte dans la case en face la flèche verte* (case 1), *l'équipe rouge dans la case en face la flèche rouge* (case 16) *et les autres ? On lance le dé pour avancer, par exemple on fait 5, on avance de 5 cases. On avance où on veut : à droite, à gauche, en avant, en arrière.* Continuer à expliquer la règle : pour rester sur une case, il faut décrire ce qui est dessus : sans les drapeaux, c'est la taille ou le portrait (*c'est un garçon, il est grand, case 2. C'est une fille. Elle est brune. Elle a des yeux verts, case 20*) ; avec les drapeaux, il faut donner le nom du pays, les couleurs du drapeau, le garçon ou la fille et où il habite (*case 18 : la France, les couleurs du drapeau français sont bleu, blanc, rouge. C'est une fille. La fille française habite en France*). Si on se trompe, on revient d'où l'on est parti, si on ne se trompe pas, on gagne le drapeau de la case. Sur les cases "*Europe*" (28 et 34), on a le choix : soit on bouge de 2 cases, soit on échange un drapeau avec une autre équipe si elle accepte (*Je voudrais...*). La première équipe qui a un couple d'un même pays a gagné (dessiner derrière les drapeaux une fille ou garçon). On peut aussi décider que c'est l'équipe qui a le plus de couples. On peut décider que l'arbitrage peut se faire en enregistrant les énoncés de chaque case sur la cassette de classe. S'il y a un problème, on l'écoute pour vérifier. On ne parle qu'en français en jouant ! ou on se fait éliminer.

b. Les fiches du dictionnaire, l'activité p. 88.

Magazine 4 ● Voyages

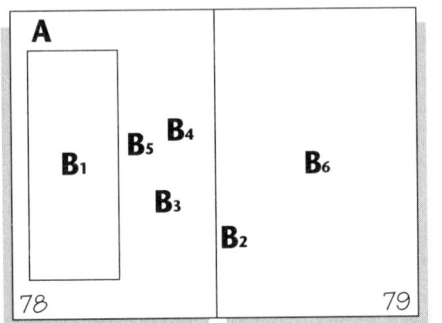

COMMUNICATION
d'où tu viens ?
quand tu viens ?
comment tu viens ?
par où tu viens ?

PHONÉTIQUE
1 [ɛ̃], [waʀ], [pʀ]
2 [ɛ̃] [v] [jɛ̃]
3 [p]/[d]/[t], [ɔ̃]
4 [fʀ], [kʀ], [wi] [ɛ] [y]/[i]
5 [s]

1. Regarder

a. *Une drôle de page ! Tout est mélangé !* Cela ne représente pas une scène comme dans les magazines 1, 2 et 3. Cela bouge... *comme dans les voyages !* D'ailleurs, *c'est le titre de la page !*

b. Faire observer la partie (B1) : les 3 images vont ensemble. **On voit le soleil. Qu'est-ce qu'il fait ? et les personnages, que font-ils ?** Laisser les enfants trouver qu'il s'agit du temps qui passe dans une journée. Cela rappelle l'activité de la page 87 : *Souvenez-vous la petite histoire du garçon qui se lève page 87. Est-ce que c'est la même chose ?*

c. Faire observer les parties B2, B3, B4 et B5 en partant du bas : *regardez le petit garçon en bas, vous vous souvenez ? Oui, c'est le garçon de la page de couverture. Il voyage. Regardez sa valise et son sac à dos. Et regardez là, des pancartes qui montrent la droite, la gauche, le haut ! Et après, la petite fille, est-ce qu'elle voyage ? Elle a un poisson dans un aquarium comme madame Bertaux dans l'histoire. Et le petit garçon là (B3), qu'est-ce qu'il a dans les mains ? Il a des saucisses* (expliquer le mot). *C'est un peu comme un saucisson et l'autre, à côté (B4), il joue avec quoi ? Il joue avec des fruits. Et tout en haut, qu'est-ce que c'est ? C'est un train. Vous vous souvenez ? On a entendu un train sur la page de couverture, mais on n'a pas vu de train sur cette page.*

d. Faire observer la partie (B6) : *et à droite, qu'est-ce qu'on voit ?* Donner *"cage et nid"*. *C'est une drôle de maison.*

2. Écouter

Prévenir que la bande son est un peu longue et, *comme tout bouge sur cette page,* on va écouter au fur et à mesure les comptines, chansons ou poèmes. On ne fait pas comme d'habitude ! Et surtout, on va s'amuser avec les mots. Les mélodies et la manière de réciter !

Durée 9 minutes

MA4 A	* L'animatrice : C'est la page "Voyage"... il y a 2 pages "Voyages" pages 78 et 79 dans le magazine 4.
B	* 1 Le matin... cf. p. 96 * 2 D'où tu viens ? cf. P. 96 * 3 Petit poisson cf. p. 96 * 4 Fruits frais cf. p. 96 * 5 Les saucisses cf. p. 96 * 6 Dans Paris cf. p. 96
C	* L'animatrice : Allez, tout le monde est prêt ? Nous partons pour Paris. Attention au départ ! <u>Annonce hôtesse</u> : les voyageurs pour Paris, embarquement immédiat porte n° 5.*

pages 78 79

VOCABULAIRE	GRAMMAIRE	REPRISE POSSIBLES DANS AUTRES PAGES	PAGES JEUX
le matin, à midi, le soir, demain je prends frais, frit cuit, cru cage, nid	en avion, bateau, train, voiture… à pied, cheval, vélo ce, cette	1. Le matin .... p. 84, 85, 92 2. D'où tu viens ? .... p. 80, 82, 83, 90, 92 3. Petit poisson .... p. 84, 92 4. Fruit frais .... p. 82, 83, 84, 90, 92 5. Les saucisses .... p. 92 6. Dans Paris .... p. 80, 84, 92	**p. 80** les nombres → 100

3. Activités

a. La partie (A) de la bande son : après l'écoute, faire relever tous les bruits entendus. Fixer : *dans ces pages, on voyage. On voyage en train, on voyage en avion, on voyage en voiture, on voyage à vélo, on voyage à cheval et on voyage à pied aussi.* Faire illustrer chaque situation en demandant bien de mettre le (ou les) personnage(s) dedans pour "en" et sur pour "à"… on est sur la route, la rue quand on voyage à pied.

b. Le matin après l'écoute de la partie B1, on comprend les 3 images de la page de gauche. Expliquer que "*demain*", ce n'est pas encore fait "*ce sera*" et qu'*on recommence tous les jours par le matin, à midi et on finit par le soir*. Faire remarquer qu'on récite la comptine de plus en plus vite pour bien prononcer… et s'amuser. Donc, c'est comme cela que vous ferez aussi… pour la cassette de la classe.

c. D'où tu viens ? (B2) : après l'écoute de la comptine, faire retrouver l'illustration. Expliquer brièvement la comptine. L'apprendre et demander à chaque équipe de préparer une façon de la réciter… toujours pour la cassette de la classe.

d. Petit poisson (B3) : on comprend l'image ! On a remarqué comment les enfants récitaient la comptine : ils s'amusent beaucoup et chacun trouve une interprétation, une manière bien à soi de la réciter et ils se suivent de très près. On a l'impression qu'ils tournent en rond aussi ! Là encore, dans chaque équipe, on va s'amuser à préparer une présentation… pour la cassette !

e. Fruits frais (B4) : on s'amuse beaucoup. Expliquer "*frais et cuit*", "*frit et cru*". Il faut, donc, commencer lentement et aller de plus en plus vite… sans se tromper ! On arrête quand on se trompe, quand on ne prononce pas bien ! Là aussi, on s'exerce en équipe et on présente d'abord ceux qui sont le plus assurés. On fait un match de la bonne prononciation entre les équipes… mais attention, tout le monde doit passer ! On enregistre l'équipe gagnante.

f. Les saucisses (B5) : encore une façon de s'entraîner pour bien prononcer ! Un enfant commence lentement, continue avec un deuxième. Le premier et le deuxième continuent avec un troisième… et ainsi de suite. Là aussi, on va de plus en plus vite. Expliquer brièvement. On le fait ensemble et on s'entraîne par équipe !

g. Dans Paris (B6) : *quelle drôle et jolie poésie*. On l'écoute plusieurs fois pour retrouver sur la page les éléments. Expliquer "*ce, cette, ces*" : quand on montre quelque chose. Montrer quelque chose dans la classe surtout en utilisant des mots masculins et féminins pour éviter la confusion entre *ces/ses*. Illustrer par ordre chronologique en mettant un chiffre afin de faciliter la mémorisation. (Par exemple dessin d'une maison, etc.). Mettre les dessins les uns en dessous des autres avec une flèche à gauche partant de 1 pour aller jusqu'en bas. À droite, on fera une flèche allant vers le haut. Chacun doit penser à son interprétation et on récite.

h. La partie (C) de la bande son : *on continue le voyage. Avez-vous reconnu l'annonce ? On voyage en train ou en avion ? En avion, bien sûr*, c'est une annonce prise dans un aéroport. *Vous vous souvenez… dans une gare, sur la page de couverture : quai n° 5, attention au passage d'un train.*

Qu'est-ce qu'on va mettre sur le panneau de référence ?

On pourra faire l'activité p. 89 si on le souhaite.

Magazine 4 — À Paris

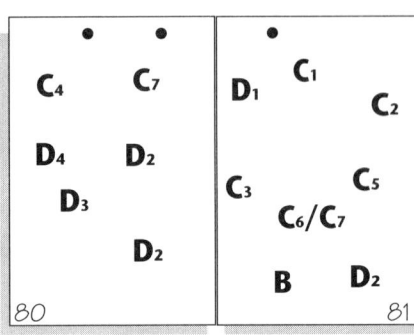

COMMUNICATION	VOCABULAIRE
Je voudrais parler à…	le métro, le ticket, l'autobus
Allô, de la part de qui ?	les magasins, le café
C'est combien ?	les francs, les billets, les pièces,
Ça coûte combien ?	l'argent, la monnaie,
	les monuments,
	un timbre,
	la boîte aux lettres.

1. Regarder

On change encore nos habitudes : une nouvelle manière de présenter, une grande photo. Est-ce que cela va être une petite histoire comme dans les magazines précédents ? On voit tout de suite qu'on est arrivé à Paris. Vous vous souvenez ? "*Nous partons pour Paris*", a dit l'animatrice dans les pages des voyages. Comment savez-vous que nous sommes à Paris ? Est-ce que vous reconnaissez des choses ? Là encore, Mémo demande d'écouter d'abord !

2. Écouter

a. En regardant le livre, faire passer la bande son.

Durée 2 minutes 13 secondes

MA₅ A	L'animatrice : Pages 80 et en 81, nous retrouvons nos amis européens. Qu'est-ce qu'ils ont fait à Paris ? * ****			Garçon danois : Moi, j'ai marché, marché, marché. Fille italienne : Moi, j'ai pris l'autobus et le métro. Regardez le ticket.
B	* Mme Bertaux : Allô ? Fille allemande : Allô, bonjour madame. Je voudrais parler à Frédéric s'il vous plaît. Mme Bertaux : Oui… de la part de qui ? Attendez, je vais voir.		D	* Garçon 3 : Je voudrais un timbre pour la Belgique s'il vous plaît. Monsieur : Voilà. Garçon 3 : C'est combien ? Combien ça coûte ? Monsieur : 2 francs quatre-vingts.* Garçon 3 : Merci monsieur. Où est la boîte aux lettres ? Monsieur : Dehors, à gauche dans la rue. Garçon 3 : Merci. Au revoir monsieur. Garçon portugais : Tu as un stylo ? Je voudrais écrire à mes parents.
C	* Garçon danois : Il y a beaucoup de monuments à Paris. Fille italienne : Qu'est-ce que tu as vu ? Garçon portugais : J'ai vu le Sacré-Cœur, l'Arc de Triomphe. Fille italienne : Moi aussi et Notre-Dame avec la Seine et la tour Eiffel.			

Il y a beaucoup de bruits à Paris ! Vous reconnaissez des bruits ? Le bruit du car, le bruit du café dans la page couverture et d'autres bruits aussi ?

b. Reprendre la partie *(A)* : *ah, vous vous souvenez des enfants européens ? Souvenez-vous, à la page "mosaïque" ! Ils viennent de quel pays ? Alors, il y a 2 garçons : un Portugais. Il vient du Portugal et un Danois. Il vient du Danemark. Il y a 2 filles : une Italienne. Elle vient d'Italie et une Allemande, elle vient d'Allemagne. Mais il y a un autre garçon aussi sur la cassette. D'où vient-il ? On ne sait pas. Attendez.*

Il y a beaucoup de bruits dans cette partie de la cassette aussi. Est-ce que vous avez reconnu ? On entend un car... oui, souvenez-vous nos amis européens sont venus en car à Paris. On entend un bruit de pièces... regardez l'argent français sur cette grande photo. On n'entend pas un train, après, on entend le métro... il y a des chanteurs dans le métro à Paris (expliquer ce qu'est le métro si les enfants ne connaissent pas, si possible apporter une photo du métro). Montrer le plan de métro et celui que désigne M. Bertaux page 75. *Après, on entend le bruit d'un grand magasin, dans l'ascenseur d'un grand magasin. Vous connaissez un grand magasin parisien ?* Donner un nom ou 2 éventuellement (cf. p. 90) *et enfin, on entend le car. On visite beaucoup Paris en car.* Et dans notre capitale, est-ce que c'est comme cela ?

c. Faire écouter la partie (B) : *qui téléphone ? C'est la petite fille allemande de la page "Mosaïque" Qui répond ? C'est une dame, vous connaissez cette dame... mais oui c'est madame Bertaux Pourquoi ? La petite fille veut parler à Frédéric... et madame Bertaux est la mère de Frédéric. Voilà !* Expliquer qu'il faut faire 8 chiffres pour appeler un numéro de téléphone en France (ne pas parler des codes entre les régions et Paris). *Avez-vous entendu ? Avec quoi la petite fille a téléphoné ? Avec une carte de téléphone comme cette carte-là* (montrer B). *Regardez, c'est écrit FRANCE.*

d. Faire écouter (C) : *il y a combien d'enfants européens ? Ils sont trois. Vous avez reconnu, qui est-ce ? Où sont-ils ? Ils sont dans la rue, dans une rue parisienne. Qui a vu le Sacré-Cœur... c'est cette photo* (montrer C₁)... *Oui, c'est le garçon portugais. Qu'est-ce qu'il a vu aussi, quel autre monument de Paris ? L'Arc de Triomphe, c'est cette photo* (montrer C2)... Continuer de la même façon pour présenter tous les éléments. Expliquer que la Seine est le fleuve qui traverse Paris, elle coupe presque Paris en deux. Il y a beaucoup de ponts pour passer d'une rive à une autre. On marche beaucoup à Paris et il y a beaucoup de monde dans les transports en commun (métro et bus). Est-ce que c'est comme cela dans notre ville ? dans notre capitale ?

e. Faire écouter la partie (D) de la même façon en distinguant bien les personnages (le monsieur, le garçon portugais et l'autre petit garçon que l'on peut supposer être belge puisqu'il veut un timbre pour la Belgique), le lieu (un café, comme sur la dernière page de l'histoire p. 75) et les photos de la boîte aux lettres, du timbre et de la monnaie. Donner "*pièces*" et "*billet*" (si possible, en montrer).

f. Faire dessiner les personnages et les moyens de transport. Reprendre toute la bande son et les enfants doivent montrer, au fur et à mesure des bruits et des situations, les dessins correspondants.

On peut montrer le porte-clés aux couleurs de Paris (bleu et rouge) ainsi que l'emblème de Paris en haut du plan de métro. Est-ce comme les couleurs ou l'emblème de notre ville ? de notre capitale ?

3. Activités

a. <u>Mise en situation, saynètes</u> : reprendre les 3 situations et les faire jouer. Demander, par équipes, de préparer des saynètes : une conversation téléphonique, dans un magasin (rappel du jeu de la marchande du magazine 3), raconter une visite, une promenade. On enregistrera... ou mieux, filmera pour montrer aux parents peut-être ! On pourra, même, inclure "*D'où tu viens ?*" et/ou "*Dans Paris*".

b. <u>Et quelle autre activité ?</u> Des suggestions : faire un guide de Paris, de notre ville ; illustrer les situations proposées et celles inventées... et faire les fiches du dictionnaire et sélectionner quelque chose pour le panneau rouge !

Magazine 4 ▶ Les saisons   page 82

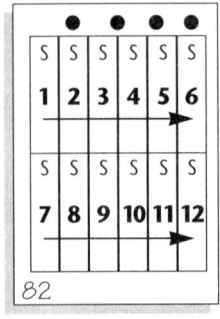

COMMUNICATION	VOCABULAIRE	PAGES JEUX
le temps qu'il fait : il fait beau, il fait chaud, il fait froid, il y a de la pluie, du soleil, du vent, de la neige, des nuages	les mois de l'année le temps les fleurs (le muguet, le bleuet)	p. 90, p. 91 la ronde des saisons

1. Regardez

Encore une autre manière de présenter cette page ! On reconnaît beaucoup de choses. Lesquelles ? A-t-on une idée du thème de cette page ? De toute façon, c'est l'écoute de la bande son qui va nous aider, comme l'indique encore Mémo.

2. Écouter

a. Livre fermé, faire écouter la bande son pour confirmer les premières hypothèses.

Durée 2 minute 20 secondes

> **MA₃** ** L'animatrice : La page "météo"… Le temps qu'il fait en France et tous les mois de l'année page 82…
> Ah ! Il ne faut pas oublier les fêtes aussi.*
> [les saisons cf. p. 96]/
> L'animatrice : Alors qui récite ? Qui parle de l'hiver ? Qui continue avec le printemps ? Qui parle de l'été et des vacances ? Qui finit avec l'automne ?

b. Livre ouvert, reprendre la bande son. Qu'est-ce qu'on a trouvé en plus ? Il y a des paysages connus *(la montagne, la campagne, la forêt, la mer)*. *On retrouve des skis comme dans la cave p. 47, une chambre, aller à l'école, Noël et les cadeaux comme dans le magazine 2.* On a entendu *"Carnaval, déguisés"* comme qui ? *Les grands-parents de Ludovic sur l'album photos…* Que connaît-on encore ?

c. Reprendre chaque saison de la poésie avec la bande son et expliquer les dessins. Et les crayons barrés ou pas ? *Ce sont les semaines d'école et les semaines sans école, les semaines de vacances dans une année des écoliers français : 2 semaines en février-mars, 2 semaines en avril-mai, 8 semaines en juillet et août, une semaine à la fin octobre et 2 semaines en décembre-janvier. Et pour nous, c'est comme cela ?*

3. Activités

a. Les fêtes : reprendre chaque mois et expliquer. **En janvier, c'est la fête du jour de l'an et la fête des rois,** on mange une galette pour trouver la fève et être le roi. **En février,** c'est la Chandeleur et Mardi gras, **on mange des crêpes et on se déguise pour le Carnaval. En avril, le 1ᵉʳ, c'est le poisson d'avril** : on fait des farces et on accroche un poisson dans le dos des gens… sans qu'ils s'en aperçoivent. **Le 1ᵉʳ mai, c'est la fête du travail** et on offre un brin de muguet **et le dernier dimanche, c'est la fête des mères** (cf. magazine 2). Le 24 juin, c'est la Saint-Jean, **la fête des champs** : on fait des grands feux, on saute au-dessus et on chante… **à la campagne** bien sûr ! **Le 14 Juillet, c'est la fête nationale,** il y a des feux d'artifices *"éclatez"* et **le 25 décembre, c'est Noël. Et chez nous, c'est comme cela.**

b. Les saisons, le temps qu'il fait : on regarde bien les illustrations en haut de chaque partie (5) et le temps qu'il fait. Fixer, *il fait beau, il fait chaud, il fait froid. Il y a du vent, de la pluie, de la neige, du soleil, des nuages. Et chez nous ?*

c. Les événements : les vacances bien sûr, mais aussi se promener à la campagne au printemps, la rentrée des classes en septembre, cueillir des champignons en automne *"Et chez nous"* ?

d. Comparer la France et notre pays : établir 2 calendriers annuels de la même façon et mettre en comparaison les éléments. Après, on peut répondre à l'animatrice pour la France bien sûr et pour notre pays. On enregistre tout cela en même temps que la poésie qui a été préparée en équipes. Faire l'activité pages 90/91.

Magazine 4 ❋ Paysages-pliage

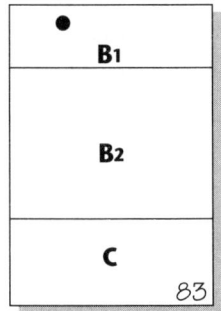

GRAMMAIRE
il faut + infinitif

1. Regarder

Ah vous vous souvenez ? La petite histoire dans les pages jeux page 87. On devrait aller très vite pour trouver le matériel et ce qu'il faut faire. Les enfants doivent présenter la page, seuls, en français ; la bande son sera l'arbitre comme pour le jeu de la page "mosaïque".

2. Écouter

a. <u>Livre fermé</u>, on écoute la bande son.

Durée 1 minute 30 secondes

MA₆ A	* L'animatrice : Dans la page "fabrication" du magazine 4, on fait des paysages en pliage. Je laisse Aurélien et Marion. Ils vous expliquent tout.
B₁	Aurélien : Il faut des ciseaux, beaucoup de feuilles de papier, des feuilles blanches, des feuilles de couleur. Marion : Un crayon à papier et une gomme, des crayons de couleur ou de la peinture… Aurélien : Un peu de colle.
B₂	Marion : D'abord, il faut plier la feuille en 2. Aurélien : Ensuite, il faut dessiner un morceau du paysage… un arbre par exemple… Vous regardez bien sur votre livre p. 83. Marion : Puis, il faut découper. Il faut bien suivre le dessin que vous avez fait. Aurélien : Et voilà… un arbre. Vous pouvez coller pour faire tenir l'arbre.
C	L'animatrice : Maintenant, vous pouvez faire beaucoup de paysages… à la mer, à la montagne, dans une ville… Et vous racontez des histoires.

Qui s'est trompé ? Qui ne s'est pas trompé.

b. <u>Livre ouvert</u>, on écoute la bande son à nouveau. Attention, vous écoutez bien. Après, vous faites tout seuls ! Voir si une autre écoute est nécessaire.

3. Activités

a. <u>Les pliages</u> : laisser les enfants réaliser leurs paysages. Cela peut être fait en équipes, surtout pour préparer l'histoire à raconter ensuite. Suggérer de bien utiliser tout ce qui a été vu en regardant sur le livre, sur les panneaux de référence et dans le dictionnaire. On enregistrera l'histoire élue par tous.

b. On peut reprendre des éléments déjà constitués (silhouettes, marionnettes, pâte à sel) pour inventer "<u>l'histoire du petit Trampoline</u>" dans laquelle on introduira les chansons et comptines… de là à faire un petit spectacle, une comédie musicale par exemple, pour la fin de l'année… il n'y a qu'un pas.

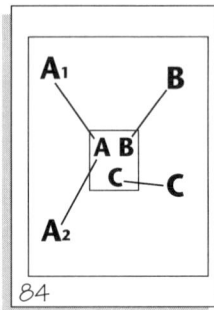

Magazine 4   Mémo   page 84

Dernière page humour ! On bousculera encore les habitudes et on fera travailler par équipes, chaque équipe s'occupant d'une saison. On pourra faire varier, ensuite, afin que tous les enfants réemploient le maximum.

1. Regarder

Nos amis chats racontent quelque chose comme les jumeaux Marc et Frédéric… il y a des bulles !

2. Écouter

Durée 1 minute et 7 secondes

MA8   ** L'animatrice : Ah page 84, les amis chats de Mémo racontent leurs vacances… et les souris font le jeu de l'escargot.

Nous avions bien compris… mais il manque des choses ! Une saison par exemple (l'automne). Alors, pour le dernier magazine, on change la manière de procéder. Mettre le groupe en 4 équipes, une par saison et la quatrième s'occupera de l'automne et tout ce qui n'est pas montré sur cette page Mémo. Attention, on est bien par saison… pas par chat ! Et si nous donnions des noms à ces chats pour ne pas se tromper ! La quatrième équipe nous fera la surprise de savoir lequel des 3 chats racontera l'automne ! Et on n'oublie pas les comptines et chansons !

3. Activités

a. – Une équipe s'occupera du chat (A) qui raconte des histoires en hiver (A1) et en automne (A2).
 – Une équipe s'occupera du chat (B) qui raconte une histoire au printemps.
 – Une équipe s'occupera du chat (C) qui raconte une histoire en hiver aussi.
 – La dernière équipe choisira le chat qu'elle veut qui racontera une histoire en automne. Quand elle présentera son histoire, les autres équipes devront l'illustrer.

b. Pour varier les recherches, chaque équipe imagine leur chat dans une autre saison ou un autre paysage. On pourra aussi proposer d'inventer 12 chats, un par mois, et de faire la même chose.

Magazine 4 — pages Jeux – Activités

1. Page 85 : la page d'introduction

Ça y est ! On saute très haut sur le trampoline. Nous sommes au 4 et on sait très bien ce qu'il faut faire : **regarder** les consignes et le matériel. Une chose nouvelle au numéro 10. **Écouter** la bande son pour trouver ce qu'est ce numéro 10 !

Durée 23 secondes

| MA₈ | Ah une seule chose nouvelle pour les pages jeux du magazine 4… dans le matériel… une attache parisienne ! Qu'est-ce que c'est ? Attendez ! |

S'il y a une attache parisienne à montrer tant mieux, sinon, on attendra comme nous l'a dit Mémo.

2. Page 86 : remettre en ordre l'histoire

Même façon de procéder que dans les précédents magazines **regarder et écouter**. Reprendre les couleurs du tableau du temps (se situer dans le temps) et demander de colorier les cadres de chaque image avec la couleur correspondante.

Durée 13 secondes

| MA₉ | Alors, page 86, je ne vous dis pas ce qu'il faut faire ? Vous savez maintenant. Qui peut le dire ? |

3. Page 87 : des petites histoires

a. Regarder les 2 séries de vignettes. Si les enfants ont bien observé le magazine, ils verront que la première série fait référence à la page "Fabrication" (sinon, leur montrer). Les 4 vignettes de la deuxième série devraient les aider à comprendre la consigne… et la page 83 donne la réponse !

b. Écouter

Durée 32 secondes

| MA₉ | Page 87, c'est pareil… Vous savez, oui ? Non ! Mettre en ordre les images et raconter. Vous travaillez en équipes, alors c'est facile ! Et après, chacun invente une petite histoire… et les autres vont mettre en ordre les images ! |

Alors, c'est facile... c'est la première équipe qui a trouvé qui gagne. Attention au temps ! Après, dans chaque équipe, on fait, seul, la petite histoire sur le livre (troisième série en bas). On discute ensemble dans l'équipe pour savoir quelle histoire (ou deux ou trois) on présente aux autres.

c. Les petites histoires : une fois l'activité réalisée, veiller, quand les enfants présentent, à ce qu'ils utilisent les marqueurs de temps :

Ex : <u>d'abord</u> il faut dessiner, <u>puis</u> il faut colorier, <u>ensuite</u> il faut découper et <u>enfin</u>, il faut coller.

4. Page 88 : le puzzle des portraits

a. Regarder les portraits du garçon et de la fille qui sont séparés par 4 traits. *Il y a 4 parties pour chaque portrait.* Faire remarquer les traits gras sur la série des 4 petits portraits repris : *les cheveux, les yeux, un gros ou petit nez, une grosse ou petite bouche. On voit aussi des drapeaux,* on en connaît quelques-uns et l'un d'eux porte un point d'interrogation. Il va falloir sans doute fabriquer plusieurs petites cartes, d'après les consignes, pour jouer.

b. Écouter, <u>livre ouvert</u>, la bande son.

Durée 1 minute

> **MA₉** Page 88, encore un jeu, le puzzle des portraits. D'abord, il faut colorier les cheveux, les yeux, les drapeaux... et tu peux faire un autre drapeau aussi. Ensuite, tu fabriques les 5 cartes pour chaque portrait. Tu fais les cheveux, les yeux, le nez (gros ou petit), la bouche (grosse ou petite) et le drapeau. Après, on mélange tout et le premier qui fait un portrait a gagné.

Vous avez compris tout ce qu'il faut faire ? On choisit le drapeau d'un pays que l'on veut... en sachant dire, en français, le nom et l'adjectif de nationalité correspondant.

c. Fabrication des cartes : faire fabriquer à chaque enfant une série de 8 cartes (4 pour le garçon et 4 pour la fille) en coloriant au choix les cheveux et les yeux et en dessinant au choix une grosse ou petite bouche, un gros ou petit nez. Il faut partager en 4 ensuite les cartes et découper sur les traits : cela fait ainsi 32 petites cartes. On fait une 33ᵉ carte, celle d'un drapeau.

d. Le puzzle : regrouper les enfants par 4 et leur faire mélanger toutes les cartes. Le jeu consiste à tirer, au fur et à mesure, une carte et d'arriver à reconstituer une fille et un garçon... et un drapeau. Le premier qui arrive à cette combinaison doit, pour définitivement gagner, présenter le couple, sinon, on recommence tout ! Ex : *Drapeau belge. C'est une fille belge. Elle habite en Belgique. Elle a des cheveux roux, elle est rousse. Elle a des yeux marron, une grosse bouche et un petit nez. Le garçon belge...*

5. Page 89 : dessiner de 1 à 100

a. Regarder et compter jusqu'à 100. On pourra reprendre "Pierre appelle Paul".

b. Écouter

Durée 14 secondes

> **MA₉** Ah, page 89, on connaît. On sait compter de 1 à 100 maintenant ! Vite, raconte ce qui se passe.

Chacun raconte ce qu'il voit... sans oublier de dire avec quelles couleurs il a colorié la page.

6. Page 90 : la ronde des saisons. Pour se souvenir

a. Regarder les 2 pages. Il s'agit d'<u>un grand cercle</u> (p. 90) sur lequel on reproduit (ou fait) des petits dessins représentant *les saisons* (3 arbres par saison), le temps qu'il fait (nuages, neige, soleil, pluie), *les fêtes, les paysages et les semaines de vacances des écoliers français.*

– En partant du plus petit cercle au centre de la case avec le crayon (= *rentrée des classes*) et en tournant dans le sens des aiguilles d'une montre, il y a un champignon (= *automne, forêt, octobre*), une case vide, un arbre de Noël (= *fête de Noël*), un gros nuage noir (= *il y a un gros nuage noir*), de la neige (= *hiver, il fait froid*), nuage (= *il y a des nuages*), de la pluie (= *il y a de la pluie, il pleut*), deux fois un soleil + un nuage (= *il y a du soleil et des nuages*) et enfin des petites étoiles (= *feu d'artifice, 14 Juillet*).

- Dans le cercle suivant, en partant de la case vide, il y a un poisson (= poisson d'avril), un brin de muguet (= *1er mai*), un feu (= *mois de juin, la Saint-Jean*), 2 fois un soleil (= *il y a du soleil*), un soleil + nuage, un nuage gris, un gros nuage, un gros nuage noir, une galette avec couronne et cotillons (= *1er janvier, fêtes des rois, janvier*), un masque et une crêpe (= *Carnaval, février*).
- Dans le troisième cercle suivant, en partant de la forêt avec un crayon barré (= *vacances d'octobre, automne*), une ville, une ville + crayon barré (= *une semaine de vacances*), 3 fois un arbre en hiver, 3 fois un arbre au printemps, la mer + 3 crayons barrés (= *vacances de juillet*), la mer + 4 crayons barrés (= *vacances d'août*), ville + crayon barré (*une semaine de vacances*).
- Dans le quatrième cercle suivant, en partant de la campagne + crayon barré (= *printemps*), la même chose, la campagne, 3 fois un arbre en automne et 3 fois un arbre en été, la montagne + crayon barré, la montagne + crayon barré + ski (= *vacances de février*), la montagne + crayon barré.

Sur le deuxième cercle (p. 91) qui est découpé de la même façon, soit 60 cases, mais il est légèrement plus petit (il viendra se poser sur le premier) et les parties hachurées sont les parties à découper.

b. Écouter

Durée 1 minute 23 secondes

> **MA₉** Ah, 2 pages pour "la ronde des saisons" page 90 et 91. Mais qu'est-ce qu'il faut faire ? Cherchez en équipes. Après vous fabriquez... n'oubliez pas l'attache parisienne ! Après la ronde des saisons, le baromètre page 92 va être tout colorié [fin chanson de Mémo].

Laisser les enfants, en équipes, rechercher tous les petits dessins. Expliquer que cette réalisation servira à se souvenir... cela permettra de retrouver les saisons, les mois de l'année, les fêtes et ce qui se passe en France et le temps qu'il fait. <u>Ce sera un souvenir du petit trampoline.</u>

c. Fabrication : les enfants ont peut-être trouvé la manière de construire !

1 – Il faut tracer 6 cercles et 12 rayons qui partagent les cercles en 12 parties égales. On arrive donc à obtenir 60 cases. Les enfants pourront décalquer sur le modèle p. 90.

2 – On écrit sur le premier cercle en bas les chiffres de 1 à 12 = ce sont les mois de l'année. On colorie les parties 1, 2, 3 en bleu (= *hiver*), les parties 4, 5, 6 en vert (= *printemps*), les parties 7, 8, 9 en jaune *(= été)*, les parties 10, 11, 12 en marron (= *automne*).

3 – On fait un deuxième cercle de la même façon mais il est plus petit : il doit laisser seulement apparaître les parties numérotées, et colorier. Il doit recouvrir le reste. Après l'avoir partagé comme sur le modèle c'est-à-dire 60 cases, on regarde bien et on découpe les parties hachurées.

Avant de poser ce cercle sur le grand, on remplit les cases du grand cercle comme le modèle proposé p. 90. Il ne faut pas se tromper !

4 – On pose le plus petit cercle sur le grand rempli de dessins. On met l'attache parisienne au milieu pour les réunir... et on fait tourner ! On voit à travers les parties découpées un paysage, le temps qu'il fait et une fête ou un événement français. On peut alors décrire ce qu'on voit et trouver le mois et la saison car sur le bord la partie découpée montre la couleur et le numéro. Si on veut se faire des repères, on dessine sur le dessus du petit cercle ce qu'on ne retient pas bien.

Alors, quand à la maison, on parle de la France... on a la ronde des saisons pour se souvenir et montrer, ainsi, qu'on sait plein de choses sur la France.

7. Page 92 : le baromètre

Procéder de la même façon que pour les magazines précédents... À propos, y a-t-il encore des blancs ?

Qui est-ce ? Se présenter, faire son portrait et celui de l'autre : *Je m'appelle..., je suis grande, j'ai les yeux bleus et des cheveux roux. Je suis rousse. J'habite à... Je suis* (nationalité, colorier le drapeau)... *J'ai... ans.*

Qu'est-ce que c'est ? Les moyens de transport et *aller en, à*.

Qu'est-ce qu'ils font ? Dans les 4 paysages (*ville, campagne, mer, montagne*). Les principales actions et la voiture pour *ils vont à la..., ils sont allés au...*

Qu'est-ce qu'ils disent ? *Je viens de Grèce et je vais à Paris. C'est à moi, ce n'est pas à toi. Le matin, je me lève, je me lave et je mange et/ou ce matin d'abord je me suis levé, après, ensuite je me suis lavé et enfin j'ai mangé. Avant j'étais un bébé, maintenant je suis un écolier et après je serai clown.*

Les saisons (avec l'arbre) et **les mois de l'année le temps qu'il fait, les principales fêtes ou événements, les drapeaux** des pays de l'Europe et 2 blancs, ceux qu'on veut !

Et maintenant, on regarde tout ce qu'on a fait, on écoute tout ce qu'on a enregistré, on finit notre magazine 4 peut-être ? Qu'est-ce qu'on a préféré ? Avec quoi, nous allons terminer ? À qui allons-nous donner le jeu de l'escargot ? Et tous nos jeux des 7 familles ? Et les autres ?

À la fin du magazine 4... votre baromètre

À la fin du quatrième magazine... et du petit Trampoline, **les enfants peuvent-ils** :
- comprendre, même sans une grande précision, une présentation, une lecture d'image... plus longue et reprenant de manière variée un grand nombre d'énoncés, d'expressions rencontrés ?
- émettre des hypothèses de plus en plus complexes, voire même en français uniquement ?
- s'exprimer de plus en plus longuement ? échanger, en français, dans le cadre du travail d'équipes, en ateliers ? s'expliquer ?
- élaborer des jeux de rôles, des saynètes et des situations de plus en plus construits et enrichis ?
- se présenter et présenter quelqu'un ou plusieurs personnes (nom, âge, taille, portrait, nationalité, habitation, pays...) ?
- demander et exprimer la quantité, utiliser les formules de salutation et de politesse selon les situations et demander et exprimer ses préférences, ce qu'on veut ? la possession ?
- situer un discours, une action dans le temps ? et dans l'espace ?
- comprendre et utiliser le genre et le nombre des mots (noms et adjectifs, les nombres jusqu'à 100) ?
- réciter et chanter un bon nombre de comptines, poésies et chansons du livre ?

Avez-vous observé

– le comportement et les attitudes des enfants durant les jeux et les arbitrages : est-ce une situation qui leur permet d'utiliser plus le français ? Quelle est la "qualité" des échanges en comparant avec ceux de l'enseignant(e) ? Prennent-ils plus de "risques" à s'exprimer ou, au contraire, font-ils plus attention ?
– le type d'activités que les enfants ont inventé ? qu'est-ce qu'ils ont repris ? développé ?
– les outils de référence qu'ils ont abandonné ? repris ? sont-ils toujours les mêmes ?
– si l'envie, la joie, l'amusement se sont développés ou, au contraire, les difficultés introduites ont-elles arrêté la motivation ?
– ce que vous avez développé, au-delà du matériel proposé ? ce que vous n'avez pas pu gérer ?

"Et si cela était à refaire ?", si vous deviez recommencer avec "Le Petit Trampoline", que feriez-vous ?

continuer	reprendre	développer	abandonner

Table des matières

Tableau des contenus	4
Introduction	7
Les premiers jours : découverte du matériel	18
Magazine 1	**21**
Couverture	22
Histoire	24
Alphabet	28
Récréation	30
Une classe	32
Couleurs	34
Dictionnaire	35
Mémo	37
Pages Jeux – Activités	38
Magazine 2	**46**
Couverture	47
Histoire	48
Album de famille	52
La chambre de Nicolas	54
Dans la maison	56
Mon jouet	58
Ma pâte à sel	59
Mémo	60
Pages Jeux – Activités	61
Magazine 3	**68**
Couverture	69
Histoire	70
Labyrinthe	74
Au jardin	76
Le pique-nique	78
Combien de bonbons ?	80
Le bonhomme sandwich	81
Mémo	82
Pages Jeux – Activités	83
Magazine 4	**90**
Couverture	91
Histoire	92
Mosaïque	96
À Paris	100
Les saisons	102
Paysages – pliage	103
Mémo	104
Pages Jeux – Activités	105

Édition : Michèle Grandmangin

N° Éditeur - 10022062-I - (3) - (OSB 80) - CND
Imprimé en France. Mai 1994
par MAME Imprimeurs à TOURS (n° 32152)